Allégories II

Croissance et harmonie

Données de catalogage avant publication (Canada)

Dufour, Michel, 1945-
Allégories II : croissance et harmonie
(Collection Psy populaire)
Comprend des réf. bibliogr. et un index
1. Symbolisme (Psychologie). 2. Allégorie - Aspect psychologique.
3. Actualisation de soi. 4. Relations humaines. 5. Famille - Aspect psychologique.
6. Adolescents - Psychologie. I. Titre. II. Collection.
BF175.5.S95D832 1997 158 C97-940176-3

DISTRIBUTEURS EXCLUSIFS:

- **Pour le Canada et les États-Unis:**
MESSAGERIES ADP*
955, rue Amherst,
Montréal, Québec
H2L 3K4
Tél.: (514) 523-1182
Télécopieur: (514) 939-0406
* Filiale de Sogides ltée
- **Pour la France et les autres pays:**
INTER FORUM
Immeuble Paryseine, 3, Allée de la Seine
94854 Ivry Cedex
Tél.: 01 49 59 11 89/91
Télécopieur: 01 49 59 11 96
Commandes: Tél.: 02 38 32 71 00
Télécopieur: 02 38 32 71 28
- **Pour la Suisse:**
DIFFUSION: HAVAS SERVICE SUISSE
Case postale 69 - 1701 Fribourg - Suisse
Tél.: (41-26) 460-80-60
Télécopieur: (41-26) 460-80-68
Internet: www.havas.ch
Email: office@havas.ch
Distribution: OLF SA
Z.I. 3, Corminbœuf
Case postale 1061
CH-1701 Fribourg
Commandes: Tél.: (41-26) 467-53-33
Télécopieur: (41-26) 467-54-66
- **Pour la Belgique et le Luxembourg:**
PRESSES DE BELGIQUE S.A.
Boulevard de l'Europe 117
B-1301 Wavre
Tél.: (010) 42-03-20
Télécopieur: (010) 41-20-24

Pour en savoir davantage sur nos publications,
visitez notre site: www.edhomme.com
Autres sites à visiter: www.edjour.com •
www.edtypo.com • www.edvlb.com •
www.edhexagone.com • www.edutilis.com

Dépôt légal: 1er trimestre 1999
Bibliothèque nationale du Québec

ISBN 2-7619-1487-2

MICHEL DUFOUR

Allégories II
Croissance et harmonie

Préface de
Jacques Salomé

LES ÉDITIONS DE L'HOMME
LES ÉDITIONS JCL

À mon père,
décédé dans un moment très intense
de la rédaction de cet ouvrage,
À ma mère,
À ma famille,
À mes amis,
À ce côté magique de votre enfant intérieur.

Remerciements

Si la rédaction de ce livre a été rendue possible, c'est grâce à la collaboration d'un très grand nombre de personnes qui, de près ou de loin, y sont allées de leur créativité et de leur soutien.

Je suis d'abord redevable à Jean-Claude Larouche et à son équipe, qui me font confiance une nouvelle fois, en relevant le défi de la publication de cet ouvrage.

Ma reconnaissance va ensuite à tous ceux et celles, parents, étudiants, intervenants des secteurs scolaires, sociaux et de la santé qui ont, par leurs conseils, leurs suggestions ou leurs propositions de récits allégoriques, collaboré à la réalisation de cet ouvrage. Vous trouverez leurs noms en référence dans les «notes» et sous la rubrique «collaborateurs» à la fin du livre.

Je veux exprimer ma profonde gratitude à Catherine Dumoulin, Martine Tremblay et Sylvain Gagnon qui m'ont si allégrement proposé de faire la révision de mes textes et d'y apporter leurs commentaires très positifs.

Je m'en voudrais de passer sous silence la complicité précieuse de Jean Monbourquette (*Lili et son chien Simutaire*), Alain Mercier (*Tic-Tac gagne du temps*), Eddy Dumoulin (*La maison hantée*, *Mon cher Grignote, c'est à ton tour...*), Johanne Roy (*Gorfou le petit manchot, Vingt mille lieues sous les mers*), Charles Gagnon (*Rado Ventre-à-Terre*) et Claude Gagnon (*Monsieur Brindamour*).

Je suis aussi reconnaissant à un groupe de jeunes adolescents (Marie-Michèle Bouchard, Myriam Larouche-Tremblay, Stéphanie Leroux, Jérémie Desbiens, Mathieu Dumais, Alexandre Leclerc-Chabot, Jérome Lussier, Nicolas Tremblay) d'avoir accepté de commenter et d'expérimenter mes histoires métaphoriques.

J'aimerais exprimer ma reconnaissance à Roselyne Duchesne pour son support et à Lise Martel pour son travail de secrétariat.

Enfin, un sincère remerciement va à chacun d'entre vous, cher lecteur et chère lectrice, qui croyez à la puissance de l'imaginaire et à la finesse du langage des symboles.

Table des matières

Sujets traités:

Préface

Les contes, les allégories existent dans toutes les cultures dites primitives et que je préfère appeler primordiales. Malheureusement, en Occident ou dans les cultures policées et technologiquement avancées, nous nous sommes coupés de notre relation au symbolique et par là même aux contes qui nous reliaient justement au symbolique.

Les contes ont pour héros: le courage, l'amour, l'espoir, la ténacité, la tendresse, la compassion et surtout, surtout la vie sous toutes ses formes. La vie ardente qui ne se décourage jamais, qui au-delà de toutes les maltraitances dont elle est l'objet fait face, se redresse, tient le coup, rayonne et se multiplie.

Michel Dufour nous dit tout cela avec ses métaphores, ses contes et les visualisations qu'il propose.

Nous le savions plus ou moins confusément: les contes parlent à l'inconscient, ils s'adressent à l'irrationnel, ils rejoignent non seulement l'enfant qui pleure ou qui rit en nous, mais ils interpellent la partie la plus éternelle de l'homme, la vivance de sa vie.

Les contes nous aident à guérir quand le silence des mots a trop stimulé la violence des maux. Ils nous aident à grandir, à croître et à nous harmoniser, c'est-à-dire qu'ils favorisent la réconciliation entre différents états de notre condition humaine: le psychisme, le corps et l'esprit.

Michel Dufour, en pédagogue, en thérapeute, fait le tour des interrogations fondamentales qui agitent, traversent, bousculent ou vivifient tout être humain.

Je souhaite que son livre réveille, touche et stimule tous ceux qui aspirent à un mieux-être et qui veulent retrouver cette part de liberté intérieure sans laquelle la vie n'a pas le goût d'être vivante.

Merci à lui de nous offrir son livre comme un cadeau, comme un tremplin vers plus d'amour pour soi-même et pour autrui.

Jacques Salomé
En cette veille de Noël 1998.

Introduction

Les mots diversement rangés font différents sens, et les sens diversement rangés font différents effets.

PASCAL

Il y a très longtemps, lorsque le soleil se couchait et que les petites bougies s'allumaient une à une dans les chaumières, quelqu'un lançait soudain une formule magique : «Il était une fois...» Tous, grands comme petits, se sentaient emportés dans un monde de mystères, d'imprévus, de beauté, de poésie et de féerie. Dans un monde où tout devenait possible. Le temps et l'espace disparaissaient, faisant place à la libre fantaisie des esprits, aux éclairs d'imagination de chacun.

Ce temps-là est révolu, mais la magie des histoires, des contes et des allégories est toujours présente et ne demande qu'à éclater, de nouveau, comme un feu d'artifice.

Cet ouvrage sur l'allégorie se présente comme une étincelle initiale. Il est aussi un hommage, non seulement à tous ceux et celles qui ont expérimenté avec succès les récits de mon livre *Allégories pour guérir et grandir*, mais aussi à toutes les personnes qui, lors de mes conférences, de mes ateliers ou ailleurs, m'ont encouragé à continuer d'explorer le monde de l'imaginaire.

Cette approche peut soulever une foule de questions. À telle enseigne qu'un jour Madame **QUI** demanda à Monsieur **QUE**, **QUOI** faire pour expliquer ce **DONT** on parle et **OÙ** chercher pour comprendre le **QUAND**, le **COMMENT** et le **POURQUOI** des allégories.

Je tenterai de répondre à toutes ces interrogations dans la première partie de ce livre. Je ne reprendrai pas même si quelques-unes d'entre elles se recoupent, mais je me propose plutôt d'approfondir et de compléter différentes notions démontrant sans conteste la richesse et la puissance des contes et des allégories.

Dans la deuxième partie, un répertoire regroupant un très grand nombre d'allégories fait référence à différentes problématiques auxquelles nous sommes tous confrontés dans notre vie personnelle et professionnelle. Ces allégories sont classées sous trois thématiques différentes : les allégories et moi ; les allégories, les autres et moi ; les allégories, ma famille et moi.

Mon souhait, en écrivant ce livre, est d'aider le plus grand nombre d'individus à actualiser leurs propres ressources et à supporter les autres dans leur cheminement.

Je propose aux utilisateurs de faire une première lecture des allégories, en ignorant les sujets traités et les situations désirées, pour y revenir par la suite, en faisant confiance au hasard ou en choisissant le récit en fonction de sujets particuliers.

Puissiez-vous, à travers ce livre, y trouver un instrument de croissance et d'harmonie qui vous guidera sur le sentier de l'amour et de la paix intérieure.

M. D.

Première partie

QUELQUES ÉCLAIRCISSEMENTS UTILES À UNE MEILLEURE COMPRÉHENSION DE L'ALLÉGORIE

Je dis alors: «Exploiter le plus possible les possibles en soi, qui sont aussi nombreux sans doute que les planètes des systèmes solaires des galaxies de l'univers de soi.»

JACQUES LANGUIRAND

D'OÙ VIENT L'ALLÉGORIE

Ce n'est pas en regardant la lumière qu'on devient lumineux mais en plongeant dans son obscurité.

CARL G. JUNG

Le mot allégorie origine de deux mots grecs: *allos* (autre) et *agoreuîn* (parler). Ce qui signifie : employer des termes autres que les termes propres. En parlant d'une chose, l'allégorie nous parlera donc d'une autre chose.

«Char allégorique» est une expression qui nous rejoint plus facilement. L'allégorie sollicite notre ouïe et nous propose de construire notre propre scénario intérieur alors qu'un char allégorique est porteur d'un message visuel.

Une des plus anciennes et des plus célèbres allégories est sans aucun doute celle de «La caverne», de Platon, qui remonte au IVe siècle avant J.-C. et dont voici un résumé:

> *Des prisonniers enchaînés au fond d'une caverne, le corps et la tête immobilisés, regardent défiler des ombres sur la paroi de la caverne qu'ils ont devant eux, tout en percevant des échos de voix [...] En retrait, loin sur une hauteur, un feu, éclairant des figurines ou des marionnettes passant au-dessus d'un petit mur, projette leurs ombres sur la paroi du fond de la grotte [...] On libère un prisonnier et on le sort de la caverne, et lorsqu'il redescend malhabilement dans la noirceur, les yeux tout inondés de lumière, il devient, du fait de sa maladresse, l'objet de risée de ses compagnons enchaînés.*[1]

Dans cette histoire, le monde de la caverne symbolise le monde sensible, et le monde du jour, le monde intelligible. Pour Platon, ce récit représente les différentes étapes de l'éducation et de la progression du philosophe jusqu'à la science du bien.

Cette histoire pourrait aussi nous faire voir comment les êtres humains sont souvent victimes de leurs propres perceptions et de leurs propres pièges.

Par ailleurs, cette allégorie a été reprise dans différents domaines et même en administration par Gareth Morgan.[2]

Nous voyons donc que cette histoire symbolique, vieille de 2400 ans, est encore très actuelle, et nous pourrions en tirer une foule de leçons en fonction de notre propre vie...

L'allégorie, cette technique d'intervention à la fois puissante et fascinante, a été développée et popularisée au XXe siècle par le psychiatre américain Milton H. Erickson (1901-1980). Un grand nombre de ses adeptes ont par ailleurs assuré sa diffusion à travers le monde. Je pense, entre autres, à J. Antoine Malarewicz, Jeffrey Zeig, Sydney Rosen, Jay Haley, David Gordon, Paul Watzlawick, Joyce C. Mills, Richard J. Crowley, Jean Monbourquette et Michel Kérouac.

Par contre, les spécialistes de la programmation neurolinguistique (PNL), basée sur le langage de l'inconscient (visuel, auditif, kinesthésique, olfactif et gustatif), ont intégré les allégories comme autre technique de changement afin de modifier notre réalité. Parmi ceux-là, nous pouvons citer Richard Bandler, John Grinder, Anthony Robbins, Robert Dilts, Tad James, Anne Entus, Connirae et Steeve Andreas, Tamara Andreas, Josiane de Saint-Paul, Sylvie Tenenbaum, Alain Cayrol, Paul Liekens et Ibrahim Elfiki.

COMMENT DÉFINIR L'ALLÉGORIE

Princesses, chevaliers, enchantements et dragons, mystères et aventures [...] sont ici maintenant, et sont même tout ce qui a jamais vécu sur terre!

RICHARD BACH

La plupart des grandes religions et civilisations transmettaient autrefois leurs croyances, leurs cultures, leurs connaissances et leurs valeurs à travers la tradition orale par le biais de légendes, de mythes, de contes, d'histoires, de paraboles, de fables, de métaphores et d'allégories.

Encore aujourd'hui, ces formes d'expressions symboliques permettent aux hommes «d'approcher un peu le réel, de se retrouver tant bien que mal, de se comprendre un tant soit peu. Dans tous les temps, elles ont joué un très grand rôle dans la vie affective, intellectuelle et morale des hommes.»[3]

Jusqu'au XVIIe siècle, les contes ont été réservés aux adultes. Puis le développement du courant rationnel a destiné les contes aux enfants seulement.

Comme le note M.-L. von Franz, il y a peu de temps encore, la plupart des adultes ne se seraient pas donné le ridicule de prendre les contes de fées au sérieux [...] mais, avec toutes les études scientifiques et littéraires dont ils ont été l'objet, il y a un très grand regain d'intérêt pour cette forme de littérature.[4] Les essais d'interprétation et les approches psychologiques auxquels ils ont donné lieu (B. Bettelheim, C. G. Jung, G. Jean, M.-L. von Franz, etc.) y sont sûrement pour quelque chose.

Au cours des quatre dernières décennies, l'univers merveilleux de nos jeunes a, de plus en plus, basculé dans un monde très organisé avec l'apparition de la télévision, de l'ordinateur, des jeux vidéo et de l'autoroute électronique. Ce qui laisse aux utilisateurs de moins en moins de place à l'imagination. Par ailleurs, de l'avis de B. Bergeron, les jeux interactifs comme Super Mario Bross de Nintendo seraient des contes qui reviennent sous une forme nouvelle. Au fil du jeu et des interventions du joueur, nous assisterions au développement d'un conte, de la situation initiale à sa conclusion logique. L'apparition de la réalité virtuelle, toujours selon B. Bergeron, propulserait le joueur à l'intérieur même du récit, accompagnant le héros à titre d'auxiliaire magique, sur la route tumultueuse de sa quête.

C'est à nous, donc, de modifier la situation, d'adapter ces avancées technologiques aux métaphores, aux fables, aux paraboles, aux allégories, et de réactualiser la magie du merveilleux à travers notre vie quotidienne.

Une des façons de le faire, c'est l'exploitation des grands contes de fées (par exemple : G. Corneau dans *L'Amour en Guerre*), mais c'est aussi l'utilisation des métaphores, des récits symboliques (paraboles, fables, etc.) et des allégories.

Au départ, la métaphore se définit comme la transposition d'un élément d'un domaine à un autre. Par exemple, lorsqu'on dit d'une personne qu'elle est dans la fleur de l'âge, nous voulons signifier qu'elle est dans le plein éclat de sa jeunesse. La métaphore thérapeutique prendra cependant pour nous un sens beaucoup plus large. D. Gordon la définit comme «une histoire présentée dans le but de conseiller et d'éduquer»[5] et J. de Saint-Paul et S. Tenenbaum affirment que «lorsque nous parlons de métaphore, nous faisons généralement référence à une histoire, vraie ou inventée, plus ou moins longue et plus ou moins élaborée, racontée dans le but d'atteindre notre objectif ou d'aider une personne à atteindre le sien en suscitant des associations.»[6]

La fable et la parabole, par contre, se définissent comme un récit servant à présenter un enseignement. En voici un exemple :

Un homme un jour partit à l'aventure avec l'intention de séjourner longtemps dans la jungle africaine. Sitôt arrivé à Nairobi, il se mit en quête d'un guide. Pensant conclure un bon marché, il embaucha le premier qui s'offrit. Une fois dans la jungle, il se rendit compte que le guide n'avait emporté aucune serpe ou machette pour se frayer un chemin, et qu'il y pénétrait lui aussi pour la première fois. Ils se perdirent après une demi-journée, et finirent par y mourir tous les deux. Ainsi en est-il de quiconque veut découvrir et scruter le monde des symboles en se fiant au premier venu.[7]

L'allégorie, quant à elle, est un jeu mental et littéraire, conscient et recherché d'un bout à l'autre. Elle consiste à traduire, dans un récit, une histoire qui sous-entend une analogie ou une comparaison avec une situation de vie. La définition la plus originale de l'allégorie me vient d'une fillette de dix ans qui, lors d'une visite dans sa classe, me communiqua simplement ceci : «L'allégorie, d'après moi, c'est une histoire qu'on invente, à partir d'une vraie histoire, pour faire comprendre quelque chose au cerveau.» Qui dit mieux?...

Voici ce que pourrait donner l'exemple cité plus haut s'il était transposé sous une forme allégorique :

Nous voici à l'entrée d'une jungle. L'aventure commence. Laissons de côté nos bulldozers et nos prétentions de tracer une autoroute. N'essayons pas de sauver du temps en nous agrippant à des lianes. Contentons-nous de mettre un pied devant l'autre et de suivre le guide dans le petit sentier qu'il tracera à mesure, à l'aide d'une modeste serpe ou machette.[8]

L'allégorie deviendra dès lors un instrument précieux qui va mettre en mots ce qui autrement risquerait de rester enfoui dans le silence: peurs, angoisses, désirs, culpabilités, rivalités, énigmes et interrogations de toutes sortes.

Nous voyons donc que les contes, récits ou histoires métaphoriques, les métaphores thérapeutiques et les allégories sont des entités qui sont très près l'une de l'autre, si bien que souvent on les associera pour parler d'une même réalité.

COMMENT FONCTIONNE LE MENTAL CONSCIENT ET LE MENTAL INCONSCIENT

> *La raison et la science ne relient les hommes qu'aux choses, mais ce qui relie les hommes entre eux, [...] c'est cette représentation affective parce que vécue, et qui constitue l'empire des images.*
>
> GILBERT DURAND

Depuis toujours, le cerveau a fait l'objet de recherches intensives. À l'aube de ce XXIe siècle, on sait maintenant qu'il se divise en deux parties : la gauche et la droite. Roger Sperry a du reste reçu le prix Nobel de médecine en 1981 pour ses travaux relatifs au fonctionnement de ces deux hémisphères.

Généralement, on attribue à l'hémisphère gauche des fonctions analytiques et rationnelles (le langage, le décodage, la pensée linéaire, l'arithmétique, l'écriture, la communication digitale, les processus secondaires en psychanalyse, le verbal, etc.). À l'hémisphère droit sont redevables la plupart des activités sensibles, émotionnelles et globales (la synthèse, la compréhension du langage, l'affectivité, la musique, l'intuition, les gestes routiniers, les rêves, la communication analogique, les apprentissages, les fonctions vitales, les processus primaires en psychanalyse, le non-verbal, l'esprit symbolique et métaphorique, etc.). Il serait bon de noter ici, avec L. V. Williams, que les techniques que nous avons identifiées comme étant associées avec le fonctionnement de l'hémisphère droit ne sont pas nécessairement localisées dans cet hémisphère mais représentent plutôt des types de traitement de l'information que nous pouvons associer à l'hémisphère droit.[9]

Autrement dit, la partie gauche du cerveau met en ordre, comme un puzzle, des pièces séparées en séquences, tandis que la partie droite en perçoit la totalité d'une façon simultanée, globale et holistique.[10] Williams propose une belle analogie à ce sujet: l'hémisphère gauche serait comme une *fourmi* parce qu'elle voit seulement les détails, les uns après les autres, à mesure qu'elle se déplace tout droit d'un point à un autre; l'hémisphère droit serait comme un *aigle* parce qu'il voit tout d'un coup d'œil quand il vole.[11]

Dans un fonctionnement optimum, les deux hémisphères doivent évidemment agir en collaboration et en intercommunication constante. La connexion est assurée par le corps calleux.

D'après M. H. Erickson, le mental conscient siégerait dans la partie gauche et le mental inconscient se situerait dans la partie droite. Il considérait, par contre, que lorsqu'il s'adressait à un patient, il communiquait autant avec son conscient qu'avec son inconscient.

Pour Erickson, «l'inconscient est le lieu où le sujet peut trouver [...] les solutions à ses problèmes, solutions non utilisées à cause des limites dues aux apprentissages conscients du sujet.»[12]

Selon Jung, des contenus conscients de notre esprit peuvent disparaître dans notre inconscient et de nouveaux contenus peuvent en émerger. Il rappelle que nous en trouvons des exemples dans la vie de tous les jours où des dilemmes sont parfois résolus par un aperçu nouveau et tout à fait inattendu du problème. Il donne même l'exemple du mathématicien Poincaré et du chimiste Kékulé qui ont admis devoir d'importantes découvertes à de soudaines images révélatrices surgies de leur inconscient.[13]

Nous devons donc apprendre à faire confiance à notre mental inconscient. Pour les gens qui éprouvent le besoin d'avoir l'illusion que leur conscient contrôle leur comportement, R. Bandler leur propose l'activité suivante : «La prochaine fois qu'on vous tendra la main, je voudrais que consciemment vous ne tendiez pas la main ; vous verrez bien si votre bras se lève ou non. Je parie que votre conscient se rendra compte que c'est le moment d'intervenir et d'interrompre votre comportement lorsque vous aurez déjà le bras à mi-chemin. Et ceci vous indiquera clairement qui est à la barre.»[14]

D'après Bandler et Grinder, 95 % de nos habiletés et de nos apprentissages se font à partir de notre mental inconscient. Jacques Salomé, quant à lui, affirme que la dimension réaliste compte pour 20 % dans une communication de qualité et que celle de l'imaginaire et du symbolisme réunis y sont pour 80 %.[15]

Pour Erickson, le mental inconscient des gens est le dépositaire de la totalité des apprentissages acquis depuis leur enfance. La plupart des notions sont consciemment oubliées mais disponibles en tout temps[16], en particulier par le biais de l'histoire métaphorique ou de l'allégorie. De plus, comme l'affirme J. Monbourquette, l'individu a tout en lui pour s'aider lui-même grâce à ses ressources illimitées de connaissances et d'expériences qu'il suffit de stimuler pour les rendre disponibles.[17]

Selon L. V. Williams, «la métaphore ne crée pas l'expérience. Avec la métaphore, on donne l'occasion de se servir du mécanisme de connexion entre un concept nouveau et l'expérience préalable. Il ne peut y avoir d'acquisition nouvelle dans un espace vide. Nous acquérons des connaissances nouvelles en découvrant comment elles se rattachent avec ce que nous savons déjà. Plus le lien est clair, plus l'acquisition sera facile et solide. La métaphore est un mécanisme destiné à établir des connexions.»[18]

Voilà ce qui nous permet d'avoir une meilleure compréhension du mécanisme de l'allégorie. Tout comme l'histoire métaphorique, elle est un processus par lequel la personne fait une découverte à partir de l'intérieur. Elle accède à une connaissance nouvelle qui émerge de son propre mental inconscient vers son mental conscient.

COMMENT VOTRE MENTAL INCONSCIENT COMMUNIQUE AVEC VOUS (votre mental conscient) **ET VOUS AVEC LUI**

Voir l'inconscient comme un ami, c'est considérer que des forces inconnues me mènent là où je dois aller pour apprendre quelque chose sur moi, [...] pour découvrir des ressources insoupçonnées et des facettes inexploitées.

JACQUES SALOMÉ

Le mental inconscient possède son propre mode de fonctionnement. Comme le dit J. de Saint-Paul, il perçoit, pense et réagit au monde de façon autonome. Il est donc responsable de différents phénomènes perçus au niveau conscient.On peut songer à diverses réactions émotives, à quelques types de malaises, de souffrances physiques, à certaines prémonitions ou intuitions qui sont, selon Jung, une fonction irrationnelle et le produit d'une inspiration.

La plus grande partie des messages de notre inconscient nous parvient cependant sous forme de fantasmes et de rêves qui, toujours selon Jung, sont d'une importance plus grande qu'on ne le croit en général[19], car le rêve serait, comme l'écrit A. Muchielli, «l'expression du vécu problématique du sujet, l'expression métaphorique de ce qui le préoccupe.»[20]

G. Corneau complète d'ailleurs cette théorie en indiquant que «comme les rêves, les contes expriment de façon imagée ce qui se trame dans le fond de l'inconscient collectif d'une société.»[21] M.-L. von Franz appuie aussi cette hypothèse en ajoutant que contes et rêves s'interpellent en échos : les contes sont comme des rêves collectifs et les rêves comme des contes personnels. Pour madame von Franz, «tout rêve est une sorte de conte sorti de l'inconscient, qui, sous forme symbolique, nous raconte une histoire chargée de sens.»[22]

Les symboles sont donc d'une importance capitale dans l'expression de notre mental inconscient. Ils régissent tous les aspects internes de notre vie psychique. Jung croit que les symboles sont une fonction vitale en tant que moyens d'expression et de changement de la vie.[23]

Inversement, si nous (le mental conscient) voulons communiquer avec notre mental inconscient et opérer certains changements, si minimes soient-ils, nous devons utiliser le même système de communication que lui, qui est composé essentiellement de symboles. Comme les symboles sont images et émotions en même temps, le conte, l'allégorie ou l'histoire métaphorique seront considérés comme un moyen privilégié pour accéder au mental inconscient et actualiser, chez soi ou chez d'autres personnes, des ressources jusque-là inexploitées.

«L'idée que mon inconscient pouvait me parler, et moi pas, me mettait mal à l'aise, soutient J. Salomé, qui affirme avoir longuement côtoyé le domaine de l'inconscient. Une relation a toujours deux pôles [...]. Il m'a fallu 45 ans pour découvrir que, moi aussi, je pouvais parler à mon inconscient en utilisant le langage poétique, celui des contes, de la créativité ou, si vous préférez, du symbolisme (métaphore, allégories, etc.).»[24]

Nous pourrions ajouter que l'imagerie mentale, les livres, le cinéma, la télévision, la musique, les arts peuvent, à des degrés divers, être porteurs d'énergie créatrice au niveau du mental inconscient.

COMMENT FONCTIONNE ET AGIT L'ALLÉGORIE

> *Tu sais quelque chose que tu ne sais pas que tu sais. Dès que tu auras découvert ce que tu sais déjà, sans savoir que tu le sais, alors tu pourras commencer à changer [...].*
>
> MILTON H. ERICKSON

Il vous est sûrement arrivé un jour de venir en aide à quelqu'un et de lui suggérer des solutions. Vous avez sans doute rencontré des «oui! mais!...», sans que la personne ne mette vraiment vos conseils en pratique.

La prochaine fois, vous aurez probablement plus de chance d'aider votre ami en lui racontant une histoire parallèle à la situation, une allégorie, où sont camouflées des façons de dénouer, avec succès, une problématique semblable à celle qu'il vit. Votre ami oubliera peut-être votre histoire puis, un jour, il trouvera des solutions originales qui ressembleront étrangement à celles proposées dans votre allégorie.[25]

Comment cela aura-t-il pu arriver? Votre ami se sera plus ou moins consciemment ou inconsciemment identifié au héros de votre récit. Il aura tissé des connexions entre lui-même et les faits de votre histoire afin de pouvoir inclure des parties de l'histoire dans sa propre vie. Une fois l'identification établie, le sentiment de solitude face à son problème sera remplacé par un sentiment de partage. Comme l'histoire va droit au but en déjouant ses mécanismes de défense, elle réveillera alors, avec douceur, ses ressources illimitées de connaissances et d'expériences afin de le conduire à une solution.[26]

D'ailleurs, J. Salomé complète bien cette présentation en disant que les contes réveillent en nous des forces insoupçonnées. M. H. Erickson indique pour sa part que les gens possèdent en eux toutes les clefs, mais qu'ils n'en soupçonnent pas l'existence.[27]

L'allégorie crée donc un processus par lequel une personne fait une découverte à partir de l'intérieur. Elle accède à une connaissance qui existait déjà dans son inconscient et qui émerge vers le conscient par l'intermédiaire de la métaphore. Le récit analogique sert donc de trait d'union entre des associations inconscientes et de nouvelles réponses qui émergent à la surface de la conscience.

L'allégorie peut parfois agir très rapidement. D'autres fois, il faut attendre des jours et peut-être des semaines pour constater des changements de comportements. Comme si l'impact de l'allégorie avait permis une lente réorganisation du psychisme de l'auditeur ou du lecteur. Je cite ici l'exemple d'une infirmière. Elle travaillait avec un patient qui devait s'abstenir de prendre quoi que ce soit par la bouche. Malgré les explications répétées, il demandait sans cesse à boire de l'eau. Elle eut alors l'idée de lui raconter l'histoire suivante :

> *Il y avait un jeune enfant qui souffrait de maux de ventre. La mère appela le médecin et celui-ci dit : «Pour qu'il guérisse, il faut une diète absolue.» L'enfant pleure, crie, supplie. La mère, toujours pleine de pitié, mêle ses lamentations à celles de son fils. Cette défense absolue du médecin lui paraît inhumaine. Il lui semble que ce jeûne et ces larmes peuvent nuire à son enfant. Mais le médecin dit : «Veux-tu perdre ton enfant ou veux-tu que je le sauve?» La mère crie : «Je veux qu'il*

vive.» Et alors le médecin dit : «Je ne puis permettre de la nourriture. Ce serait la mort.»

Le résultat fut immédiat. Le patient se passa d'eau afin de se rétablir le plus tôt possible.[28]

La force de l'allégorie, c'est qu'elle rejoint l'individu dans son propre modèle du monde. L'histoire est ressentie par l'enfant (et aussi par l'adulte) comme un voyage qui va de soi vers son intérieur. «Les enfants n'essaient pas d'évaluer l'histoire qu'on leur raconte, ils s'y projettent avec toute la force de leur imagination.»[29]

Tout comme un cendrier, dans un restaurant, peut être vu comme une voiture de course par un enfant, un avion par un autre, un bateau par un troisième, un camion de pompier par un quatrième, l'allégorie sera perçue de façon distincte selon chaque personne en fonction de sa propre vie et selon l'état dans lequel elle se trouve au moment de la narration ou de la lecture de l'histoire.

Une dame, dont le fils s'était suicidé, me confiait avoir grandement été soutenue par mes allégories. Elle me relatait le fait qu'elle-même, son mari et sa fille percevaient d'une manière tout à fait différente une même allégorie traitant du suicide. Chacun se sentait aidé, à sa façon, par l'intermédiaire de l'histoire.

De là l'absence de dessins pour représenter les allégories. Ce serait limiter l'imaginaire de l'individu que de lui imposer une façon de percevoir l'histoire par l'intermédiaire d'une illustration. M. Planque note que la véritable image est mentale, car elle s'invite et se crée. Aucun écran ne l'a jamais perçue. Elle est œuvre ou attitude de l'esprit ou de l'imagination.[30]

On pourrait aussi associer à ce phénomène le succès éclatant des livres actifs (livres dont vous êtes le héros) dans lesquels le lecteur s'identifie au personnage principal des récits fantastiques qui lui sont proposés. G. Jean souligne que «l'observation de ces lectures, comme celle des lectures de bandes dessinées, montre que, très souvent, l'enfant réoriente sa lecture, l'oralise en quelque sorte. Ce qui m'amène à penser que le pouvoir des contes, comme de tous les récits et romans de qualité, est d'entraîner chacun à se lire, c'est-à-dire à inventer soi-même sa vie.»[31]

Aussi faut-il se préparer à modifier et enrichir l'allégorie en fonction du vécu de la personne à qui on s'adresse. Il est très important, surtout chez les plus jeunes, de vérifier la compréhension du langage utilisé dans l'histoire. Comme le signale C. Collins, dire que notre héroïne est blonde, c'est bien ; mais dire que ses cheveux avaient la couleur de l'or, c'est mieux. Ajouter que sa chevelure était si belle que des papillons, comme ceux de la collection de son grand-papa, voletaient autour d'elle, c'est encore mieux. Ces détails la rejoignent dans son propre vécu et introduisent encore plus de magie.[32]

On évitera de raconter des histoires de grenouilles ou de roses à des personnes qui les détestent. On modifiera le récit en parlant d'un animal ou d'une fleur qu'on sait que l'individu préfère.

Utiliser les allégories comme des recettes n'est pas heureux. Si, dans l'allégorie, le bébé kangourou pleure tout le temps et que, dans la réalité, la petite fille ne pleure jamais, on enlèvera tout simplement ce détail pour le remplacer, au besoin, par un autre qui rejoint l'enfant. Si, par exemple, un jeune garçon aime les Ninja Turtles, on pourra ajouter cet élément à l'intérieur du récit. Il faut chercher à rejoindre la personne dans son modèle du monde.

«Le conte est une chose vivante, écrit L. Boulay, il respire, et comme tout être animé, porte en soi ses multiples et fascinantes contradictions. Il est à la fois toujours le même et toujours différent, car il reflète les craintes et les désirs de l'humanité. Il reste jeune, actuel, en dépit de son âge et de ses origines. [...] Ce qui lui reste permanent, c'est le pouvoir libérateur de son souffle, de sa tonicité et de son irrésistible dynamique.»[33]

POURQUOI L'ALLÉGORIE EST EFFICACE

> *La métaphore est peut-être l'une des plus grandes potentialités de l'homme. Son efficacité est presque merveilleuse. On pourrait même croire qu'il s'agit d'un outil oublié par Dieu dans l'une de ses créatures lorsqu'il l'a créée.*
>
> JOSÉE ORTEGA Y GASSET

Une des qualités majeures de l'allégorie, c'est sa très grande flexibilité. Elle se prête à l'utilisation d'une foule de stratégies en relation d'aide et s'applique à la plupart des situations de la vie quotidienne.

Comme les récits métaphoriques ne sont pas menaçants et procèdent par des modes de suggestions indirectes, ils permettent à l'individu, selon C. Plante, de prendre une distance par rapport aux exigences de sa vie actuelle. En stimulant son imaginaire et son inconscient, le conte lui permet d'entrer en contact avec des personnages à qui il peut s'identifier et dans lesquels il peut reconnaître sa colère, ses désirs, ses peurs, ses déceptions, ses conflits intérieurs, ses espoirs.[34]

Selon J. de Saint-Paul et S. Tenenbaum, l'histoire métaphorique doit son succès et son efficacité au fait qu'elle nous permet d'avancer sans jamais nous obliger à choisir un chemin plutôt qu'un autre : le choix et le cheminement sont laissés à l'auditeur ou au lecteur.[35]

Notons aussi que la personne qui écrit, raconte ou expose une allégorie aura de grandes chances de vivre une transformation intérieure parfois surprenante.

Il est important de savoir qu'un individu qui vit une difficulté particulière peut construire sa propre «métaphore de vie» et se la relire, au besoin, en prenant bien soin de reproduire intérieurement le scénario de l'histoire imaginée. Voici d'ailleurs, en ce sens, un récit se rapprochant de l'allégorie, écrit par une adolescente, Mélanie Fortin, et proposé dans le *Magazine Jeunesse* (décembre 1993 – janvier 1994) sous le titre «La feuille magique»:

Dans une ville lointaine habite Amélie Létourneau, une jeune fille de 15 ans. Ses parents sont séparés, ce qui cause toujours un problème dans le temps des fêtes. Cette année, elle passe le réveillon chez son père et le jour de l'An chez sa mère. Voilà maintenant six mois qu'Amélie prend de la drogue et, comme elle sait que les réveillons de son père sont souvent sans imprévus et ennuyants, elle s'en est gardé une réserve. Après la messe de minuit, on ouvre les cadeaux. Comme d'habitude, Amélie n'est pas contente.

— Ce n'est pas de la couleur que je voulais, il n'est pas de la bonne grosseur, ce n'est pas ce que j'avais demandé...

La nuit où tout le monde devrait être heureux et avoir du plaisir, Amélie, elle, fait une dépression. Elle va dans la salle de bains et prend tout ce qu'elle a sous la main : la drogue apportée, des médicaments et de la boisson. Pendant quelques secondes, rien ne se passe, puis tout à coup, tout se met à tourner. Elle entend frapper à la porte et tombe par terre. Tout de suite après, un hurlement horrible retentit, le cri de sa propre voix, et tout devient noir et calme. Un rebondissement sur son ventre tire Amélie de son sommeil : elle n'est plus dans la salle de bains mais dans une sorte de forêt éclairée par un soleil resplendissant. Sur son ventre est installé un petit bonhomme vert avec une longue barbe blanche : un lutin.

— Bonjour, mademoiselle, excusez-moi de vous déranger, mais je cherche une certaine Amélie Létourneau, âgée de 15 ans, 2 mois, 3 semaines, 22 heures, 6 minutes, 15 secondes, 16, 17...
— Stop, c'est moi! Qui êtes-vous et que me voulez-vous?
— Je suis Lucky le lutin, et je suis là pour te faire entendre raison.
— Vous ne me ferez pas changer d'avis! Je suis écœurée de vivre: mes parents ne m'aiment plus, parce que s'ils m'aimaient, ils ne se seraient pas séparés... Puis, pourquoi je te raconte ça, tu n'as aucune affaire là-dedans!
— Au contraire, je suis là pour t'écouter parce que tu as besoin de parler. Quand tu dis que tes parents ne se seraient pas séparés s'ils t'aimaient, c'est tout à fait faux. Tu aurais aimé vivre dans une maison où la chicane règne et voir tes parents s'entre-tuer? Non, bien sûr, mais voilà, tu ne penses qu'à toi, tu crois être la seule à avoir des problèmes. Alors, regarde attentivement autour de toi. Ce ne sont que des jeunes qui ont essayé, comme toi, de se suicider, qui ont eu des accidents, qui se sont drogués.

En effet, plein de jeunes étaient allongés sur des lits de feuilles et semblaient aussi perdus qu'elle.

— Mais, où sommes-nous et qu'est-ce que je fais ici?
— Nous sommes au pays des rêves, mais tu n'es pas vraiment ici. C'est ton esprit qui est là ; ton corps repose à l'hôpital où tes parents pleurent à ton chevet, en se demandant ce qui t'a pris de faire ça. Maintenant, tu n'es plus la seule à être triste, tu les a tous rendus malheureux, alors qu'en cette soirée de Noël, tout le monde devrait être heureux.
— Est-ce que je peux voir la chambre où je repose?

Sans répondre, Lucky fait apparaître, dans un nuage, l'image demandée. Ses parents étaient à son chevet et pleuraient à chaudes larmes. Lucky lui demanda :

— Alors, que décides-tu : mourir sans te repentir ou revenir chez toi et changer, devenir plus humaine?
— Je veux vivre!
— Avant que je renvoie ton esprit, je te donne une feuille de cet arbre ; elle est magique. Quand tu te sentiras désespérée, sers-la fort et pense à moi au lieu de te droguer.

Il lui mit la feuille dans les mains et elle perdit connaissance. Amélie ouvrit les yeux dans la chambre d'hôpital. Ses parents la regardèrent, surpris, puis commencèrent à l'embrasser en disant :

— Le docteur disait que tu ne sortirais pas de ton coma, que tu étais morte! C'est un miracle!

Plus tard, Amélie ouvrit la main et découvrit la feuille magique, la preuve qu'à Noël, tout est possible!

Nous pourrions signaler qu'un projet très intéressant sur la construction de sa «métaphore de vie» (*Les fées au pays de l'assuétude*, M. Lapointe et J. Roy) a été expérimenté afin de venir en aide aux personnes dépendantes (drogue, alcool, médicaments, nourriture, etc.) et qu'il continue de connaître un franc succès.

L'allégorie n'entraîne habituellement pas de résistance ou de refus de la part de la personne qui écoute et qui participe. Selon Kérouac, elle favorise l'évocation de situations, la découverte de besoins, d'alternatives et de solutions dans un autre contexte ou une autre ambiance.[36]

Si le parallèle est bien créé par rapport à la situation qu'il vit, l'auditeur ou le lecteur se retrouvera et se reconnaîtra d'une manière plus ou moins inconsciente dans l'histoire. Il se surprendra à jouer intérieurement un ou plusieurs rôles dans le récit qui se déroule devant lui.

COMMENT CONSTRUIRE UNE ALLÉGORIE

> *L'entrée en résonance, en harmonie de notre histoire personnelle avec celles transmises ou inventées par la tradition orale, par l'improvisation du présent, n'est pas le fruit du hasard mais bien un «accord» au sens musical du terme.*
>
> JACQUES SALOMÉ

Il existe différentes techniques pour construire des allégories «sur mesure» mais la plus accessible est sans doute celle de David Gordon que nous utiliserons ici et qui sert de pivot à la grande majorité des récits métaphoriques de ce recueil.

Pour ce faire, il faut d'abord connaître l'état présent (sujet traité) de même que l'état désiré (situation désirée) d'une personne en difficulté et y inclure une stratégie propre à résoudre le problème ou à modifier une attitude ou un comportement.

Il s'agit par la suite de créer une analogie (comparaison) ou un parallèle entre les personnes réelles et les événements de la situation que vit l'individu (ou les individus) qu'on veut aider et les personnages et les péripéties de l'allégorie. Cette qualité s'appelle l'isomorphisme, du grec *isos* (même) et *morphè* (forme). C'est comme si on superposait un chemin métaphorique sur un chemin *psycho*logique.

Nous nous rappellerons que le conteur de l'allégorie doit être le plus vague possible, et les mots utilisés, sans référence précise (les gens, les fleurs, les chiens, les amis, etc.), afin de stimuler la créativité chez l'auditeur ou le lecteur.

Aussi est-il essentiel de faire évoluer notre histoire vers une impasse dans laquelle le héros, ne voyant plus d'issue à son problème, se sentira coincé et désorganisé. Ce sera alors le rôle de l'étape suivante (stratégie de solution) de proposer des moyens de dénouer la crise afin de cheminer vers une résolution heureuse.

De même, il est important de faire intervenir, dans la stratégie de solution, des personnages de ce que Jung appelle l'inconscient collectif. Comme le souligne G. Corneau, une couche de notre inconscient possède une dimension collective qui sert d'assise à l'inconscient individuel. Pour A. Paré, nous sommes porteurs d'une structure profonde qui a tendance à organiser les choses de façon conforme à notre passé biologique et culturel et que chacun de nous est un condensé de l'histoire qui l'a précédé.[37]

Dans l'allégorie, ces voix ancestrales et universelles, nous suggéreront tel ou tel chemin, telle ou telle vision, telle ou telle solution, par l'intermédiaire de grands héros mythiques, de princesses, de princes, de personnes célèbres, du sage du village, du père Noël, etc. Plus près de nous, ce sera par l'entremise de vedettes sportives ou culturelles et de nombreux animaux considérés comme sans reproche (le roi lion, le sage hibou, l'aigle royal, le faucon pèlerin, etc.). Un élément de cet ordre stimulera donc la fantaisie dans l'inconscient du sujet récepteur et appuiera davantage la solution proposée.

Souvenons-nous également que l'objectif doit être décrit en termes positifs et formulé affirmativement. Il doit tenir compte des limites de la personne aidée et être réaliste ; c'est ce que les spécialistes en PNL appellent respecter l'écologie du client. Finalement, il est fortement recommandé que le but soit traduit en termes sensoriels : visuels, auditifs, kinesthésiques (le toucher). Voici le schéma à suivre :

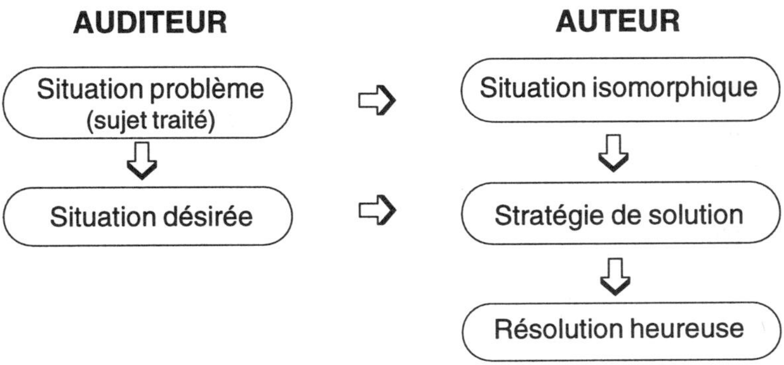

Comme illustration, nous avons choisi le cas d'un enfant qui aime l'école en général mais qui déteste une matière scolaire en particulier, par exemple, les mathématiques. Le jeune garçon se sent donc à la hauteur dans toutes les matières, mais il se juge médiocre en maths. Naturellement, il a de mauvaises notes dans ce domaine, puisqu'il est peu intéressé et ne fournit pas d'effort. Il répète constamment, à qui veut l'entendre, qu'il déteste les maths, qu'il n'est pas bon en maths, que les maths sont sa bête noire, etc.

[Ce modèle pourrait aussi s'appliquer à une personne qui aime son emploi en général, mais qui déteste exécuter une fonction particulière de sa tâche, par exemple, le travail à l'ordinateur. Quand vient le temps d'utiliser l'appareil, elle se sent incompétente et se déprécie. Elle est peu intéressée, fournit le minimum d'effort et répète constamment qu'elle est une nullité dans ce domaine.]

Voyons donc maintenant le parallèle, qu'on établira entre la situation réelle et les événements de l'histoire, illustré dans l'allégorie intitulée «Solo le menuisier».

AUDITEUR		AUTEUR
L'étudiant *[La personne au travail]*	→	Solo le menuisier
Aime la plupart des matières scolaires *[Aime son travail en général]*	→	Aime bien construire des maisons
Se sent médiocre en mathématiques *[Déteste travailler à l'ordinateur]*	→	Déteste installer les ouvertures des immeubles en construction
Intervention extérieure	→	Le rayon de soleil magique

Ceci étant réalisé, nous nous attarderons maintenant sur la situation désirée qui est de faire comprendre à l'étudiant (ou à l'employé(e)) que les mathématiques (ou les travaux à l'ordinateur) font partie d'un tout conduisant à une culture générale de base (ou à une tâche globale).

Voici comment les événements s'organisent dans l'allégorie :

SOLO LE MENUISIER

Situation problème		Situation isomorphique
L'étudiant a tout pour réussir sans difficulté et il est reconnu comme ayant un très bon potentiel. *[L'adulte a toutes les qualifications pour accomplir la tâche demandée et il est reconnu comme un bon travailleur.]*	→	Solo, menuisier de son métier, décide un jour de devenir son propre patron, car il aime bien construire des maisons. Il est très bien équipé et a tous les outils nécessaires. Très consciencieux, il est d'ailleurs reconnu pour son travail minutieux.
↓		↓
L'étudiant se sent bien à l'école, y a beaucoup d'amis et semble relativement épanoui et heureux. *[L'adulte se sent bien et épanoui dans son milieu de travail, malgré quelques contraintes.]*	→	Solo est très fier de son gagne-pain. Il s'y sent à l'aise et s'épanouit beaucoup à l'intérieur de cette occupation.
↓		↓
L'étudiant aime la plupart des tâches scolaires mais il déteste les mathématiques qui sont devenues sa «bête noire». *[L'adulte aime bien accomplir la plupart des tâches demandées mais déteste une facette de son emploi qui consiste à travailler à l'ordinateur.]*	→	Solo aime bien son boulot en général, mais quand vient le temps de poser les portes et les fenêtres, notre ami se sent désemparé et déteste cette partie de son travail.
↓		↓
Quand vient le temps de faire des maths, l'étudiant perd son temps, fait les choses de travers, bâcle son travail, etc. *[Quand vient le temps d'accomplir un travail à l'ordinateur, la personne perd son temps, fonctionne d'une façon désordonnée et présente un travail négligé.]*	→	Si bien qu'il fait les choses pour «se débarrasser». Les ouvertures ne sont pas au niveau, l'isolation autour des châssis fait défaut et les embrasures sont inégales.

Le parent ou le professeur lui demande de recommencer son travail. Comme il doit reprendre les exercices, il déteste encore davantage les mathématiques. *[Comme le patron lui demande de recommencer son travail, la personne voit cela comme une corvée et méprise encore plus cette partie de son emploi.]*

→ Comme le client n'est pas satisfait du travail demandé, Solo doit tout recommencer et il déteste encore plus cette partie de son métier.

↓

L'étudiant refait les exercices avec plus ou moins de conviction et finit par produire un travail acceptable. *[L'adulte refait le travail tout en étant plus ou moins motivé et finit par réaliser un travail satisfaisant.]*
Mais quelle énergie perdue!

→ Puisqu'il n'a pas le choix, il reprend son travail avec plus ou moins de minutie, car il sait bien que s'il ne le fait pas, il ne sera pas payé et sera acculé à la faillite.

Situation désirée

Faire comprendre à l'étudiant que les mathématiques font partie d'une culture générale de base et qu'il arrive parfois que, dans la vie, il faille faire des choses qu'on apprécie guère exécuter. Peut-être en arrivera-t-il même à apprivoiser et à apprécier cette matière qui, pour le moment, fait partie de ses cauchemars... *[Faire comprendre à l'adulte que la besogne à l'ordinateur fait partie d'une tâche globale de travail et... Peut-être même en arrivera-t-il à apprivoiser cette partie de son travail qui, actuellement, est si difficile à accepter.]*

Stratégie de solution

→ Il est donc découragé de devoir reprendre son travail, car cela lui cause des pertes de temps et d'argent. Il a bien pensé donner cette tâche à un sous-contractant, mais le coût serait trop élevé et il y perdrait ses profits. Un jour, pendant sa période de repos, il s'assoupit sous les chauds rayons du soleil qui pénétraient par l'une des ouvertures qu'il venait de réinstaller avec tant d'efforts.

↓

Mystérieusement, il entend soudain un des rayons qui se met à lui parler. «Je sais que tu es un grand menuisier, lui dit-il, et je sais aussi que tu n'aimes pas beaucoup installer les ouvertures qui doivent protéger les gens du froid et de la puissance de mes rayons. »

↓

«Y a-t-il une chose que ta compagne de vie n'aime pas faire dans la cuisine?» lui demande le rayon. «Oui! répond Solo. Elle déteste peler les pommes de terre.» «Est-ce qu'elle vous les sert avec la pelure?» demande le rayon. «Sûr que non, reprend Solo. Ce serait insensé et absurde.» «Qui pèle ces légumes, alors?» «C'est elle», affirme notre ami. «Et pourquoi fait-elle une chose qu'elle déteste?» questionne le rayon magique. «Parce que c'est comme cela, dit Solo, les pommes de terre font partie du repas et même si ma conjointe déteste cette partie de son travail, elle le fait quand même. Et lorsqu'elle l'a exécuté avec ses mains habiles, parfois en chantant, d'autres fois en regardant une émission de télévision ou en écoutant la radio, elle est contente et fière d'elle.»

↓

«Voilà!, dit le rayon. Qu'en penses-tu?» «J'ai tout compris, assure notre ami. Et merci pour le tuyau», déclare-t-il. Lorsque Solo, quelque temps plus tard, sort de sa torpeur, il se demande s'il a rêvé, mais en regardant les chauds rayons du soleil danser tout autour de lui, il sent que, pendant sa somnolence, quelque chose de spécial s'est passé...

Résolution heureuse

À partir de ce moment-là, notre menuisier fit des efforts particuliers pour bien s'appliquer lors de l'installation des fenêtres et des portes. Et vous savez quoi? Puisqu'il est devenu de plus en plus à l'aise dans cette tâche, il s'est mis à aimer davantage cette partie de son travail.

↓

On raconte même que, depuis ce temps, Solo a remporté différents prix dans des «salons de l'habitation» pour son professionnalisme.

J'ai souvent utilisé cette allégorie avec des jeunes qui détestaient certaines matières scolaires et qui se posaient beaucoup de questions sur l'importance d'apprendre telle ou telle discipline. Les résultats furent souvent très positifs. Sans devenir leurs sujets favoris, ils acceptaient d'investir davantage d'énergie dans ces domaines pédagogiques. Les résultats académiques, parallèlement à la confiance et à l'estime de soi, augmentaient graduellement.

QUI PEUT UTILISER LES ALLÉGORIES ET EN BÉNÉFICIER

Il n'y a pas d'art pour l'enfant, il y a l'Art.
Il n'y a pas de graphisme pour enfants,
il y a le graphisme.
Il n'y a pas de couleurs pour enfants,
il y a les couleurs.
Il n'y a pas de littérature pour enfants,
il y a la littérature.

FRANÇOIS RUY-VIDAL

Chaque culture a son propre répertoire de contes et de légendes pour expliquer le monde et pour divertir. En fait, comme le mentionne A. Collins, raconter des histoires est une tradition ancienne qui valorise les difficultés et l'innocence des petits, de l'enfant qui est en chacun de nous et qui tente d'expliquer, d'accepter la vie et de la diriger vers l'avant.[38]

Nous utilisons tous intuitivement des histoires et des métaphores, un jour ou l'autre, pour faire comprendre des choses à nos enfants ou à nos proches.

Les prédicateurs, les prophètes et les éducateurs ont compris depuis longtemps que le moyen le plus propice pour transmettre une expérience religieuse, mystique ou pédagogique, c'est l'utilisation des histoires.

De nos jours, parents et intervenants de toutes catégories sont de plus en plus habilités à utiliser adéquatement et avec succès les contes et les allégories.

Permettez-moi de citer quelques témoignages concernant diverses allégories répertoriées dans mon précédent livre : *Allégories pour guérir et grandir*.

Une adulte

«En lisant cette allégorie («À la conquête de la rivière»)[39], je l'ai interprétée comme si c'était moi. Et en terminant le texte, je me suis sentie pleine d'émotion [...]; je me suis mise à pleurer et tout tremblait en moi pendant mes réflexions [...]; ce fut une bonne journée pour moi.»

Un professeur

«Un jour, tout allait mal dans mon travail. J'ai lu «Finelle»[40] et «L'entraîneur»[41]. Chaque soir, je les relisais jusqu'au jour où j'ai commencé à changer certains de mes comportements et certaines attitudes. Ma vie est redevenue beaucoup plus ensoleillée.»

Une épouse et mère

«Un jour, nous avons eu une belle somme d'argent [...]. Chacun s'était fait une idée sur la façon dont l'argent serait dépensé sans consulter l'autre ; ce qui créa une chicane. Le soir, j'ai lu deux histoires à ma fille : «Tango et Mélodie»[42] et «Le cow-boy solitaire»[43], dans la cuisine, pendant que je savais que mon mari m'écoutait dans le salon. C'est lui que je voulais atteindre par l'entremise de ma fille. Dès le lendemain, nous nous sommes parlé et nous nous sommes mis d'accord sur la façon de dépenser l'argent.»

Une mère

«Un soir, ma fille m'a dit : «Maman, j'ai peur le soir, parle-moi de la mort.» J'ai vu qu'il y avait deux histoires sur le sujet dans votre livre : «La mort»[44] et «La mort, est-ce la vie?»[45]. Je trouvais que les histoires rejoindraient plus l'enfant que mes explications. Je lui ai donc raconté ces histoires. Maintenant, elle ne me parle plus de la mort et je ne l'entends plus me dire qu'elle a peur le soir. J'ai remarqué qu'elle ne fait que très rarement des cauchemars, ce qui lui arrivait très fréquemment.»

Une enseignante et mère

«J'utilise souvent l'allégorie «Artémis, la petite grenouille»[46] pour aider mon enfant à accepter la venue de son petit frère [...]; maintenant, elle me demande souvent de lui raconter de nouveau et souvent elle la raconte avec moi. Les comportements régressifs (pipi au lit, agressivité, etc.) ont complètement disparu et elle sent de moins en moins le besoin d'attirer l'attention. Fait amusant, je la surprends souvent à dormir avec votre livre à ses côtés!»

Un médecin

«Bien des fois je suggère votre ouvrage à des patients qui traversent diverses épreuves (épuisement personnel ou professionnel, dépression, deuils, séparations, mal de vivre, troubles situationnels transitoires, passages de la vie, malaises d'origine psychosomatique, etc.) et je dois vous avouer que le taux de réussite est parfois surprenant.»

Une intervenante

«J'ai utilisé, avec succès, plusieurs allégories avec des jeunes du secondaire (12-17 ans) et particulièrement «Les jeux olympiques»[47] qui est très puissante.»

Une directrice d'école

«J'utilise souvent votre livre pour faire des interventions dans les classes. J'ai utilisé entre autres l'allégorie «Tourner autour du pot»[48] pour des problèmes de comportements, et l'effet a été fantastique. Le climat s'est clarifié peu à peu.»

Une psychologue

«Dans ma vie professionnelle et personnelle, les allégories ont pris une grande place. Elles me servent de guide et d'outil de croissance personnelle. Que ce soit au travail ou à la maison, j'y réfère souvent pour développer une paix intérieure et un meilleur équilibre.»

Un entraîneur de hockey

«Au cours d'une saison, j'ai eu l'occasion d'exploiter,

avec succès, le thème de l'allégorie «La ruche»[49] auprès des joueurs pour représenter le travail d'équipe. J'ai voulu donner un sens, une vision, une direction, voire une philosophie pour orienter ma façon de diriger l'équipe. Un autre entraîneur très connu a fait l'usage de plusieurs allégories afin de répondre aux besoins spécifiques des joueurs.»

Un directeur d'école

«J'utilise régulièrement les allégories de votre livre. Un jour, au début de l'année, un jeune garçon de six ans ne voulait plus venir à l'école. Les deux premières journées, il retourna chez lui, sitôt la classe commencée. Chaque fois, ses parents lui avaient parlé de l'importance d'apprendre, mais, rien n'y faisait. Suite au contact de la mère, j'ai demandé à celle-ci d'amener l'enfant à mon bureau le matin suivant. J'ai d'abord créé le contact avec l'enfant (retour sur les vacances, etc.) puis je lui ai raconté deux allégories de votre livre, traitant de l'importance d'apprendre, puis je lui ai dit qu'il pouvait s'en retourner (je n'ai pas spécifié l'endroit). Il est parti de mon bureau et il est allé directement dans sa classe et il n'est jamais retourné chez lui par la suite.»

Une enseignante

«L'allégorie est un outil qui me sert très souvent en classe. Quand une situation se présente, la lecture d'une allégorie, appropriée au problème, aide grandement le groupe ou les élèves concernés. Suite à la lecture, on retient un ou plusieurs mots qui seront appliqués à notre quotidien. Exemple: Quand les élèves manquent de motivation, je n'ai qu'à prononcer: «On porte le flambeau» et chacun se souvient du message de ténacité; ou bien quand je dis à un élève: «Tu te rappelles, Kooki?» Ce mot l'amène à se contrôler. Continuellement, on se donne des mots repères. Les étudiants demandent souvent la lecture des allégories, et c'est un excellent moyen de communication.»

Beaucoup d'autres parents, enseignants et intervenants m'ont aussi donné des échos très positifs. Pour prévenir la violence en général, les suicides, les troubles de panique, la toxicomanie, la violence faite aux femmes, le décrochage. Pour aider les enfants agressés, les adolescents qui ne s'acceptent pas, les gens malades, les personnes âgées en centres d'accueil. Pour dédramatiser certaines situations et pour améliorer différents problèmes de communication dans la famille ou ailleurs. Le succès se vérifie constamment.

Ajoutons ici qu'un projet sur les métaphores thérapeutiques est en expérimentation avec des sujets trisomiques dans un centre de Montréal. Jusqu'à présent, les résultats obtenus sont très encourageants.[50]

«Le pouvoir des mots, l'histoire symbolique, les contes m'ont toujours fascinée, nous confie la pédopsychiatre J. Lortie. Qui aurait pu prédire que cela me sortirait d'une grande impasse thérapeutique?»[51]

Et M. Kérouac nous fait part de l'expérience suivante: «J'ai mis au point un protocole pour une étude pilote de dix sujets qui souffraient de fibromyalgie, diagnostic confirmé par un médecin. Dans ce protocole, les sujets ont utilisé des métaphores pour relaxer des zones de tensions, en plus de travailler au niveau du sommeil paradoxal. La plupart des participants ont diminué leur symptomatologie. Certains ont diminué leur médication, quelques-uns n'en ont plus besoin.»[52]

Plus loin, Kérouac, et d'autres spécialistes comme Elkaïm, Malarewicz et Watzlawick, proposent même les métaphores comme outil dans l'organisation des entreprises.

Nous voyons donc que les jeunes de toutes générations et les personnes de tous les milieux peuvent employer ce moyen extraordinaire mis à leur disposition. Ils doivent se souvenir cependant que l'utilisation des allégories comporte certaines responsabilités pour le narrateur. La grandeur, la vérité et la noblesse d'une histoire métaphorique permettent de transformer la vie de quelqu'un, mais l'étroitesse de vision d'une histoire peut bloquer des horizons et ralentir, voire arrêter la croissance d'un individu. La prudence est de mise. Par contre, selon Monbourquette, si l'événement s'avère trop nouveau et irrécupérable par notre modèle du monde, ou bien il est ignoré ou bien considéré comme n'ayant aucun sens.

L'allégorie, comme le conte traditionnel, pourra donc être utilisée avec les enfants et les adolescents comme moyen de correction et de prévention, ou être exploitée pour déclencher une discussion. Elle sera d'une grande utilité pour aider d'autres jeunes qui ont des troubles de comportement, d'adaptation ou d'apprentissage. Elle pourra soutenir les jeunes, les adultes et les personnes âgées dans leur intérêt, leur motivation ou leur estime de soi; elle pourra les aider à corriger un malaise intérieur et les supporter dans la résolution de différentes problématiques personnelles ou professionnelles.

En somme, tel que le spécifie B. Duborgel, lecteur ou auditeur, enfant très jeune ou moins jeune, adolescent ou adulte, homme mûr ou vieillard, bref tout le monde peut retirer un plaisir extrême des significations diversifiées et ouvertes des contes et des allégories.[53]

POURQUOI LE CONTACT EST SI IMPORTANT

La capacité d'établir des liens de sympathie est un art précieux. [...] Si vous êtes en sympathie avec ceux qui vous entourent ou avec qui vous travaillez, tout ce que vous entreprendrez deviendra plus simple, plus facile et plus agréable.

ANTHONY ROBBINS

Pour gagner la collaboration de la personne avec qui on entre en relation, il est important de créer un climat de confiance, c'est-à-dire, selon le langage de Saint-Exupéry, de «l'apprivoiser». À la question du Petit Prince sur la signification de ce mot, le Renard avait répondu : «C'est une chose trop oubliée. Ça signifie *créer des liens.*» C'est comme si, selon les propos de J. Monbourquette, les deux parties se reconnaissaient un peu comme des parents.

Tous les spécialistes de la communication savent très bien que sans un lien minimal de confiance fondé sur la similitude avec son ou ses interlocuteurs, leurs efforts pour communiquer perdront leur efficacité.

La personne qui raconte l'allégorie se doit donc d'avoir une attitude de disponibilité, d'écoute et d'observation envers l'auditeur. Elle doit se préoccuper de l'encourager, de se mettre à son niveau, de parler son langage, d'entrer dans son monde et même d'apprendre à jouer et à s'amuser avec elle.

L. V. Williams (tout comme M. H. Erickson) affirme que plus la confiance mutuelle sera forte entre les deux parties, plus il sera facile d'introduire des techniques nouvelles. Il ajoute que le client (comme chacun de nous) aime se sentir apprécié et respecté par quelqu'un qui le prend au sérieux ; il a horreur d'être ridiculisé ou rejeté. L'effort qu'il fera pour se risquer à des techniques ou des stratégies nouvelles dépendra du degré de confiance qu'il aura envers l'intervenant.[54]

Voici une petite histoire intitulée : «À la sortie de la salle de quilles», qui nous fait voir comment le contact avec une personne peut être important et sert de *recadrage* dans une situation donnée :

> *La soirée avait été très pénible. Imaginez! Jouer aux quilles... quand tu es myope... et que tu as oublié tes lunettes. J'ai perdu toutes les parties... et royalement. Lavé, lessivé, rincé, essoré... par mon meilleur ami, par surcroît. Vous savez, le genre d'ami qui est capable de vous taquiner pendant des jours sur la*

même petite affaire... Une soirée à oublier... au plus vite. Mon copain, lui, ses yeux sont parfaits. Dix sur dix, qu'il dit. De quoi me rendre jaloux.

Heureusement, ma torture était finie.

— Vite, sortons d'ici, et qu'on en parle plus. Ah non! Non... non... non... m'écriai-je en arrivant dehors.
— Que se passe-t-il encore? ricana mon ami.
— Regarde, lui dis-je, en pointant du doigt ma voiture stationnée de l'autre côté de la rue.

Appuyé contre mon automobile, un gars, les cheveux longs, chandail débardeur, bière à la main, veste de cuir, sortait à peine de la timide lumière du lampadaire. C'était le clou de la soirée, la goutte qui fait déborder le verre.

— Rentrons, retournons à l'intérieur, je n'ai pas le goût de discuter avec ce voyou aux cheveux longs et colorés, regarde-moi son allure!
— Mais, voyons, me dit calmement mon ami, tu as les nerfs à vif... Tu ne reconnais même pas ton voisin. C'est François.
— François, lui répondis-je, soulagé. Pas François... Il est tellement correct, ce gars-là; poli, gentil, aimable, serviable. Viens... on y va.

Rendu à ma voiture, François me raconta qu'il avait reconnu mon automobile et qu'il savait que je ne dirais rien de le voir appuyé contre ma voiture, en train de prendre une bière.

— Bien, voyons! François... Si tous les jeunes étaient comme toi...

Ce à quoi mon copain ne put s'empêcher d'ajouter :

— N'oublie pas tes lunettes, la prochaine fois. Ça sert pour mieux voir...[55]

QUAND ET COMMENT PRÉSENTER ET RACONTER L'ALLÉGORIE

> *Autrefois, au temps où le soleil était très proche de la terre, les femmes dogons décrochaient les étoiles et les donnaient aux enfants. Quand ceux-ci étaient las de jouer, les mères leur reprenaient les astres et les replaçaient dans la voûte céleste.*
>
> MARCEL GRIAULE

Raconter une allégorie n'est pas un geste anodin, car il engage toute la personne. On peut lire ou raconter cependant un grand nombre de contes sans s'en nourrir. Tout dépend de l'implication qu'on y met.

Les allégories peuvent s'utiliser à tous les moments où vous avez une connaissance à transmettre, une problématique à régler, une perception différente à apporter, un état de conscience à modifier, etc. Pour certains, ce sera à l'occasion d'un repas ou au coucher, surtout pour un enfant, afin de laisser l'histoire agir sur l'inconscient pendant son sommeil. Pour un enseignant ou un intervenant, il est suggéré de le faire au début ou à la fin d'un cours ou d'une entrevue. Le professeur pourra aussi le faire au moment de la période de repos et parfois même à la récréation.

Il serait souhaitable de toujours présenter l'allégorie comme un cadeau ou une récompense qu'on s'offre, qu'on offre aux enfants ou à d'autres adultes. On l'introduit comme quelque chose qui peut nourrir l'âme et l'intelligence, en particulier avec les adolescents qui se trouvent «bien vieux» pour écouter des histoires. Différentes formules peuvent être employées afin de piquer la curiosité. En voici quelques-unes :

— Je vais vous raconter une histoire très spéciale...
— Cette histoire va particulièrement vous intéresser...
— Cette histoire vous plaira sûrement, car...
— La magie de cette histoire vous fera...

Nous voyons donc que le conte métaphorique a besoin d'être transmis dans des conditions particulières. Nous devrions toujours accorder une attention spéciale à sa présentation, car le conte constitue un moment privilégié, un pur enchantement pour l'auditeur.

M. Gosselin dit que le cercle autour du conteur, la période de partage (s'il y a lieu) et les activités d'approfondissement (selon les circonstances) encouragent la créativité de l'enfant et font en sorte que le conte devienne une nourriture plus vivante.

Il est proposé en outre, par M. Gassel, de mettre en place un petit rituel qu'on utilisera chaque fois qu'on racontera une histoire. Il aidera l'auditeur à se mettre en état de réceptivité aussi complète que possible et donc à mieux profiter de l'effet de l'histoire métaphorique. Le choix du rituel dépendra du public auquel on s'adresse : pour les jeunes enfants, on peut, par exemple, fermer les rideaux, allumer une bougie, mettre de la musique douce, s'installer dans un endroit spécial ou choisir une chaise en particulier, mettre le chapeau ou le costume du conteur, etc. On peut amorcer la narration d'une allégorie par une phrase telle : «Installez-vous confortablement, détendez-vous et prenez le temps d'imaginer l'histoire que je vais vous raconter.» Pour tous les publics, une formule comme «Il était une fois, il y a bien longtemps...» ou «Un jour, dans un pays bien loin d'ici...», prononcée sur un ton de mystère mobilisera l'attention...[56] Ces introductions magiques ont comme propriété d'abolir le temps et l'espace. Elles transportent immédiatement l'auditeur dans un ailleurs délicieux, fait de mystère, de poésie, de beauté, de magie et d'imprévu.

L'attitude du conteur est d'une importance primordiale. Il peut avoir le visage crispé ou non, les mains baladeuses ou non, le corps droit ou non ; il peut prendre un ton calme, assuré, parfois animé ou entrecoupé de silences. Ainsi, il invite des auditeurs à imaginer et à enrichir leur cinéma intérieur. D'après G. Jean, il s'agit presque de lire en soi la trame du conte pour mieux pouvoir la partager avec les auditeurs.

Le narrateur devra donc prévoir, dans le déroulement de l'action, des trucs de narration (intonations de voix, précipitations, pauses, ralentissements, accélérations, freinages) qui créeront des instants de suspense et intensifieront ou feront varier les moments de tension affective et psychologique vécus par le ou les auditeurs.

Par ailleurs, avez-vous déjà remarqué qu'une personne, qui vit une période difficile de sa vie, n'hésitera pas à écouter tel chanteur ou telle mélodie, à lire tel poème ou tel livre, à faire telle ou telle balade, des dizaines et des dizaines de fois, sans vraiment savoir pourquoi. C'est que cela lui procure un bien-être intérieur particulier et vient mettre un peu de baume sur sa blessure intérieure. Lorsque la personne est guérie, elle change d'activité.

Dans le même ordre d'idées, le fait que des films comme *Le Roi Lion* ou *Le Magicien d'Oz* , que des jeunes ou des adultes peuvent regarder et écouter un nombre incalculable de fois, tient, selon Mills et Crowley, aux structures qu'ils sous-tendent. En effet, les images et les messages sont structurés de telle sorte qu'ils puissent être signifiants pour des gens de différents âges ayant eu des expériences de vie diverses. En d'autres termes, les gens peuvent s'identifier aux héros tout en y trouvant des leviers correspondant à leur vie personnelle.[57]

Les allégories jouent souvent un rôle semblable. C'est pourquoi il ne faut pas hésiter à les lire ou les raconter plusieurs fois. J'ai vu, par exemple, une classe de maternelle redemander la même allégorie, à tous les jours, pendant deux semaines, puis l'oublier complètement quand la problématique a disparu.

Dans un cas comme le pipi au lit (énurésie), il faut raconter toute une série d'histoires métaphoriques sur des difficultés connexes (les rivalités fraternelles, l'autonomie, la confiance en soi, l'estime de soi, etc.) avant de s'attaquer au problème comme tel.

En multipliant la narration de récits métaphoriques, on écarte, chez la personne aidée, les branches qui obstruent le chemin conduisant à un bien-être intérieur. On lui permet d'actualiser ses solutions aux dilemmes qui la troublent, la tracassent et la font souffrir.

QUE FAIRE ET QUOI DIRE POUR QUE L'ALLÉGORIE SOIT ENCORE PLUS EFFICACE

Lorsque j'emprunte une voie rationnelle et que, par une réflexion, un échafaudage quelconque, je tombe dans l'absurde et l'irrationnel, je viens de jouer un tour au cerveau de ceux qui m'écoutent et cela les fait rire.

PIERRE LÉGARÉ

Les histoires à dormir debout sont de celles qui tiennent le mieux réveillé.

MARTHE ROBERT

Le narrateur d'une allégorie, tout comme le conteur d'histoires drôles ou l'humoriste, désorganise le mental conscient de l'auditeur en le déjouant afin d'ouvrir les portes de son imaginaire. Cela lui permet d'accéder au mental inconscient de la personne, laquelle, à son tour, prend contact avec ses propres possibilités de solution.

Plusieurs spécialistes ont remarqué que si la personne tolère un moment de confusion où le conscient se sent impuissant et ouvert, elle devient très disposée à recevoir l'enseignement d'une histoire.

On raconte que M.-H. Erickson utilisait toutes sortes de techniques pour déjouer le mental conscient des gens. Il pouvait, par exemple, faire des blagues, sortir un sifflet ou un avertisseur de tricycle au beau milieu d'une entrevue ou raconter des histoires complètement loufoques pour briser les schémas mentaux rigides des individus.

Bandler suggère de glisser toutes sortes de messages bizarres afin de déstabiliser le mental conscient. Williams conseille de poser des questions du genre : Quelle différence ou ressemblance y a-t-il entre un éléphant et un ordinateur? Quelle fleur ou quel animal vous ressemble le plus? Pourquoi?

D'autres auteurs proposent de jouer sur les mots (jongleries verbales, calembours, quiproquos, formulettes, ritournelles, etc.), de passer du coq à l'âne ou de raconter d'abord une ou deux histoires sans rapport avec la problématique de la personne avant de lui raconter l'allégorie choisie.

Enfin, une technique agréable à utiliser est celle de J. de Saint-Paul et S. Tenenbaum, qui consiste à raconter une histoire sans la terminer. On en commence alors une autre (celle qui contient justement le message important à faire passer) pour revenir à la première histoire et en raconter la fin. «La confusion qui naîtra de ce procédé, disent-elles, facilitera «l'oubli» du message, noyé dans une masse d'informations peu cohérentes entre elles. Et si la suggestion est oubliée par la partie consciente, la personne ne risque pas de la reconsidérer ou de lutter contre elle; son impact sera d'autant plus fort. Avec ce type de travail, on compte sur l'inconscient pour faire le travail de synthèse et l'expérience prouve qu'il le fait.»[58]

Plusieurs avenues s'offrent donc à nous afin de déjouer les mécanismes de défense de la personne aidée. Avec la pratique et selon nos habiletés, nous retiendrons une ou plusieurs de ces techniques qui s'avèrent habituellement faciles d'utilisation et généralement efficaces.

Étant donné que nous percevons tous, de façon différente, la communication avec autrui, il serait préférable, pour rejoindre l'auditeur ou le lecteur dans son propre modèle du monde, de structurer les récits en utilisant ses voies d'accès sensorielles de base (visuelles, auditives, kinesthésiques (le toucher) et/ou cinesthésiques (sensations internes).

Voici quelques exemples de différents types de langage proposés par A. Robbins. Pour faire réaliser à quelqu'un qu'il le comprend, le visuel dira : «Je vois ce que vous voulez dire»; l'auditif, par contre affirmera : «Je vous entends bien»; alors que le kinesthésique utilisera en revanche des mots comme : «Vos propos me touchent.» Pour dire à l'autre qu'il veut lui communiquer quelque chose, le visuel annoncera : «Je veux que vous jetiez un coup d'œil là-dessus»; l'auditif énoncera plutôt : «Je veux que vous entendiez cela clairement»; tandis que le kinesthésique et le cinesthésique déclareront : «Je veux que vous mettiez le doigt sur ce que je suis en train de vous exposer et que vous me disiez quelle sensation cela vous procure.»[59]

Si nous ne connaissons pas le système de représentation de celui qui nous écoute ou si nous nous adressons à un groupe, nous devrons généraliser et englober dans notre langage tous les modes et styles d'apprentissage. Par exemple : «Je sais que vous comprenez ce que j'essaie de vous communiquer...»; ou bien : «Je veux que vous vous représentiez ou que vous imaginiez telle ou telle situation...»; ou encore : «Prenez le temps d'évoquer tel ou tel événement...»

La plupart des allégories de ce livre sont d'ailleurs ainsi construites et font converger les principales clés d'accès de la communication en vue d'en arriver à un processus d'harmonisation sensorielle plus efficace. À nous de les modifier si nous voulons rejoindre quelqu'un dans ses propres sensations et selon ses préférences personnelles tout en nous souvenant, bien sûr, que même si nous possédons une clé dominante, tous les systèmes sensoriels de communication sont en interrelation constante dans la vie quotidienne. Par exemple, un intervenant pourrait amorcer son travail ainsi: «En t'**installant** dans ce **fauteuil** le plus **confortablement**, je vais te **raconter** une histoire et je vais te **parler** de telle façon pour que tu **voies** des **images** plaisantes à **regarder** et des **souvenirs** de ton passé.»[60]

Au moment de la construction et de la narration, il faudra donc être prudent dans notre style de communication et y englober tous les systèmes de représentation. Selon Mills et Crowley, il est évident que l'impact d'une métaphore préparée avec soin pourra être nul à cause de l'utilisation par l'intervenant de ses préférences langagières (par exemple, un auditif) qui sont différentes de celles de son client (par exemple, un visuel). Ainsi, en dépit d'une bonne compréhension du problème, l'intervenant n'arrivera pas à atteindre la personne qui est sur une longueur d'onde différente.[61]

Souvenons-nous, en dernier lieu, que le narrateur doit avoir confiance dans les ressources internes de l'auditeur. Il doit laisser transparaître que l'auditeur a tout pour s'aider lui-même. Il suffit de stimuler ses ressources internes innombrables et ses capacités d'intuition pour les actualiser et les rendre disponibles.

COMMENT LES ALLÉGORIES FAVORISENT LES APPRENTISSAGES SCOLAIRES

Il n'y a pas des comportements cognitifs d'une part et des comportements affectifs d'autre part ; ils sont tous les deux toujours présents.

JEAN PIAGET

On sait que, jusqu'à tout récemment, les contenus d'enseignement et la pédagogie étaient uniformes et favorisaient surtout le développement de la pensée logique et analytique. Mais, comme les stratégies d'enseignement se diversifient toujours davantage, elles deviennent, selon C. Plante, un complément aux façons plus traditionnelles d'enseigner. Elles favorisent des voies d'accès à l'information et des approches différentes pour réfléchir à la réalité et résoudre des problèmes.[62]

Faisant appel à l'imaginaire et à la pensée métaphorique, les contes et les allégories interviennent en venant créer des conditions favorables à l'apprentissage scolaire. Ils préparent l'inconscient à accueillir plus facilement les explications d'ordre intellectuel.

Citons D. Thériault qui est vraiment frappée par le peu de place que la grande majorité des auteurs accordent à l'affectivité dans le processus d'apprentissage de la lecture. Comme si, dit-elle, l'enfant apprenait à lire en étant coupé de ses émotions. Comme s'il pouvait se détacher de ses préoccupations et de ses conflits intérieurs. Comme s'il ne lisait qu'«avec sa tête».[63]

Cette constatation pourrait tout aussi bien s'appliquer à la grande majorité des matières académiques. Tel que le suggère S. Roberge-Blanchet, dans les milieux scolaires, de la maternelle à l'université, les contes et les allégories devraient occuper une place privilégiée pour aider les jeunes à mieux se comprendre, à comprendre le monde qui les entoure et à comprendre la vie.[64]

L'allégorie crée des conditions favorables à l'apprentissage scolaire en permettant aux enfants de se libérer de leurs peurs, angoisses, rivalités et interrogations de toutes sortes. Elle les aide à améliorer leur estime d'eux-mêmes et leurs relations interpersonnelles, à augmenter leur motivation, à prendre confiance en eux, à réussir des tâches à première vue impossibles, à surmonter des dangers, à se sécuriser, à changer leurs méthodes de travail et à relever des défis. Et pour les élèves qui ont des difficultés d'ordre émotionnel, qui ont du mal à se concentrer sur une tâche et à être attentifs à ce qu'on leur dit en classe, l'allégorie peut être perçue comme une aide précieuse. Dans son livre *Quand revient septembre*, vol. 2, J. Caron propose d'ailleurs différentes pistes d'utilisation des allégories pour nourrir le climat de la classe et guérir les maux de l'âme.[65]

Pour prévenir le décrochage scolaire, il faut promouvoir des attitudes de respect, tenir compte des besoins individuels et élaborer des instruments d'intervention éducative. Les allégories sont d'un grand secours. Elles soutiennent l'intérêt des apprenants et les aident à améliorer leurs stratégies d'apprentissage.

COMMENT EXPLOITER LES ALLÉGORIES

> *Les contes ont ce pouvoir de toucher en nous simultanément plusieurs registres, de réactiver notre inconscient, de stimuler la mémoire de nos oublis, de susciter un autre regard, une autre écoute, d'être porteur d'énergie créatrice [...]. Ils ont ceci de magiques qu'ils permettent à la fois de dire et d'entendre l'indicible.*
>
> JACQUES SALOMÉ

Bien des voies s'offrent à nous quand vient le temps d'utiliser l'allégorie. Son premier rôle est évidemment de servir d'élément correctif à une problématique ou une situation donnée. Par contre, on pourra aussi l'exploiter avantageusement comme outil de prévention.

Je sais, par exemple, que plusieurs intervenants de tous les milieux, de nombreux agents de tous les secteurs de l'éducation, de même qu'un très grand nombre de parents s'en servent régulièrement quand une situation particulière se présente. Une fois terminée la lecture ou la narration d'une allégorie appropriée au thème choisi, elle PEUT servir de réflexion personnelle, de résolution de problème, d'illustration d'un point de vue spécial, de nouvelle connaissance, d'élément déclencheur à une discussion, etc.

On peut aussi s'en servir comme prétexte à une lecture ; les jeunes sont alors invités à choisir une ou plusieurs allégories et à la(les) lire devant la famille ou le groupe. Les parents pourraient demander à leur adolescent(e), par exemple, de sélectionner une ou plusieurs histoires qu'eux-mêmes (les parents) devraient lire afin de mieux se comprendre et comprendre les autres. L'expérience montre que, le plus souvent, les sujets préférés ont trait à des difficultés personnelles. En effet, bien que les gens choisissent les histoires soi-disant pour d'autres, il y a de grandes chances qu'à la lecture du récit ils aient réglé leurs propres problèmes.

De nombreux intervenants qui font de l'écoute téléphonique (S.O.S. Suicide, Tel-Jeune, Tel-Aide, Parents Anonymes, etc.) utilisent l'allégorie comme outil de relation d'aide. On a remarqué que cette approche non-menaçante a un impact très significatif et positif chez la personne en crise.

Certains professionnels de la santé font, à la fin du traitement, dans une atmosphère de confiance et de détente, la narration d'un récit métaphorique approprié à ce que vit le client. Ce moment est très apprécié et des résultats tangibles sont souvent remarqués.

De nombreuses activités sont adaptées au monde

des contes et des allégories. Certaines écoles les intègrent à leur projet éducatif. De nombreuses équipes sportives s'en servent pour stimuler la motivation ou relever des défis. Certains font même des enregistrements sur magnétophone qui servent par la suite dans l'intimité ou en groupe.

Ces histoires métaphoriques peuvent être adaptées en pièce de théâtre traditionnelle, en atelier de marionnettes ou en spectacle de mime. Elles peuvent servir de prétexte à des jeux de rôles, des cercles magiques, des ateliers de lecture ou de dessins. Il serait même approprié de les utiliser parfois comme projets d'écriture, de bandes dessinées ou des projets en arts plastiques ou en musique. Enfin bref, quelles que soient ces activités, l'important est de s'y sentir à l'aise.

Bien des parents, enseignants, intervenants, employés d'hôpitaux et autres utilisent, avec succès, ce support original, qui n'est pas une thérapie en soi mais qui vient se greffer à d'autres approches, pour aborder et dénouer différents problèmes.

POURQUOI ÉVITER D'EXPLIQUER OU DE REVENIR SUR L'ALLÉGORIE

Offrir un conte, c'est glisser un mot sous la porte close, n'attendre aucune réponse et repartir...

DANIEL LAMBERT

Une très grande tentation que nous avons tous en tant que conteur, c'est d'expliquer ou de revenir sur le conte ou l'allégorie.

C. Collins expose particulièrement bien cette problématique : vous débutez la narration de l'histoire qui progresse gentiment de suspenses en péripéties et toute une série de détails intrigants sont en place, lorsque vous ressentez soudain le besoin de dire à l'enfant: «Tu sais, mon chéri, l'histoire que je te raconte, c'est celle d'un petit garçon comme toi qui n'aime pas rester dans la cour. Le cheval au long cou qui regarde par-dessus le mur, c'est toi. En fait, maman préfère que tu restes dans la cour, mais cela ne veut pas dire qu'un jour tu ne pourras pas aller te promener tout seul. C'est pour cela que le cheval regarde la campagne et s'apprête à sauter la barrière, parce que...» ARRÊTEZ! STOP! Vous venez de tout gâcher et votre histoire est fichue. Vous avez coupé les ailes de son imagination avec le rasoir de vos explications. L'enfant veut penser par lui-même. L'explication systématique de tout est la pire des barrières qui soit. N'insultez pas son intelligence en lui mettant les points sur les i. En effet, quoi de plus rassurant pour un jeune que de comprendre ses problèmes et de les résoudre sans qu'on ait besoin de les lui expliquer? [66]

Nous voyons donc que si nous faisons appel au conscient rationnel, nous réduisons l'acte de l'inconscient en provoquant des résistances ou des objections. Nous enlevons à l'allégorie son pouvoir de révéler chez l'autre tout un monde de fantaisies.

Souvenons-nous que si les enfants adorent les histoires, c'est qu'elles contrastent avec tout un monde de logique qu'ils subissent du matin au soir.

COMMENT EXPLOITER LES ALLÉGORIES OUVERTES ET LES QUESTIONS SUGGÉRÉES

Vous pouvez créer l'énergie qui transformera vos rêves en réalité en connaissant les secrets de vos pouvoirs.

IBRAHIM ELFIKI

Certaines allégories sont complètes en elles-mêmes.

D'autres, dites ouvertes, permettent de prendre un temps d'arrêt pour imaginer des solutions et pour les partager (au besoin), laissant ainsi à l'auditeur la responsabilité de résoudre le dilemme. Selon Kérouac, cette façon de faire offre à l'individu la chance de participer à l'élaboration de l'histoire et de découvrir une dimension nouvelle à ses difficultés. Il atteint ainsi un autre niveau de communication qui lui permet de transposer ses expériences dans son problème.[67] Par la suite il peut, s'il le désire, comparer le dénouement de l'histoire avec celui qu'il a imaginé.

L'avantage de l'allégorie ouverte (ou qui se termine par une question) est de forcer l'auditeur ou le lecteur à dénicher dans son inconscient une réponse qu'il ignore au niveau conscient. Remémorons-nous ici l'exemple proposé par J. Monbourquette : «Malgré l'insistance de ses parents, une petite fille refusait d'aller à la maternelle. Les parents à bout de ressources consultèrent une psychologue. Celle-ci lui raconta l'histoire d'une petite grenouille verte qui ne voulait pas sauter dans la mare d'eau alors que ses compagnes s'amusaient follement à l'eau. La psychologue demanda alors à la fillette quand, à son avis, la petite grenouille allait plonger; elle lui répondit après un moment d'hésitation : «Après sa fête, quand elle aura cinq ans.» Ce qui se produisit comme la fillette l'avait prédit.» [68]

Il est à noter que les allégories ouvertes et les questions suggérées ont souvent l'avantage de créer un pont sur le futur, ce que certains auteurs appellent une «futurisation».

D'autres suggestions vers l'avenir pourraient, à la fin des allégories, être formulées de plusieurs façons. En voici quelques-unes proposées par J. de Saint-Paul et S. Tenenbaum : *Et je serais curieux de savoir quels changements tu pourras remarquer dans les jours et les semaines qui viennent...* Ou bien : *C'est intéressant pour toi de remarquer que ce que tu as fait là peut également se généraliser à d'autres domaines et tu seras surpris de constater...* L'idée est de suggérer des états internes, des croyances, des comportements nouveaux, etc.[69]

Il est très important de laisser toute la latitude à l'auditeur ou au lecteur qui choisira d'imaginer des solutions aux allégories inachevées ou des réponses aux questions proposées. Il pourra donc le faire **en écrivant sur papier sa solution ou sa réponse, en la dessinant, en la racontant à quelqu'un, en l'imaginant ou encore simplement en la ressentant.** On pourra ainsi rejoindre les différents canaux de communication (visuel, auditif, kinesthésique et cinesthésique) propres à chaque individu.

CE DONT LES GENS ONT LE PLUS PEUR EN UTILISANT LES ALLÉGORIES

Plus vous serez sensibles, ouverts, curieux et audacieux, plus vous serez en mesure d'utiliser les allégories, du même coup, d'être créatifs.

DENIS TAILLEFER

La plus grande peur des personnes qui débutent dans la narration des histoires allégoriques, c'est de ne pas être à la hauteur. Naturellement, l'art de raconter demande un certain entraînement mais, si vous vous y exercez dès à présent, vous obtiendrez déjà des résultats très encourageants et significatifs. Il ne vous faut que le désir d'expérimenter cet outil extraordinaire. Le désir et la foi en son potentiel. Voici une histoire, rapportée par J. Monbourquette, qui nous fait bien voir comment l'attitude est primordiale dans toute situation :

Une compagnie de chaussures envoya un vendeur dans un pays étranger pour y découvrir les possibilités de commerce. Le vendeur revint et affirma que, comme les gens de ce pays marchaient nu-pieds, il fallait renoncer à la vente de chaussures. Un peu plus tard, on envoya un autre vendeur. Celui-ci envoya un télégramme urgent disant : «Grande ouverture d'un super marché de chaussures car les gens d'ici marchent nu-pieds!»

Au début, nous pouvons nous permettre une lecture de type «scolaire» et les effets seront quand même tangibles.

Comme le dit S. Roberge-Blanchet, on remarque que le conte adopte les défauts de celui ou celle qui le lit ou le transmet oralement.[70] Il devient terne et insignifiant si, avant de le raconter, la personne qui le raconte n'a pas pris le temps de le laisser d'abord pénétrer en elle et de lui livrer son message profond. Certaines personnes filtrent les messages du conte à travers leurs perceptions personnelles et l'accusent alors d'être sexiste ou bourré de stéréotypes.

B. Bettelheim illustre un autre piège qui guette le narrateur d'un conte ou d'une allégorie : «L'adulte qui n'est pas en harmonie avec son enfant ou qui est trop préoccupé par ce qui se passe dans son propre inconscient peut choisir de raconter les contes sur la base de ses propres besoins, sans tenir compte de ceux de l'enfant. Mais tout n'est pas perdu pour autant. L'enfant comprendra mieux ce qui émeut ses parents, et il est très intéressant pour lui, et très profitable, de connaître les motivations des êtres qui tiennent le plus de place dans sa vie.»[71]

À chacun donc d'être vigilant, à chacun de se fier à la créativité de l'enfant qu'il garde en lui. Tel que le suggère A. Collins, décidez de vivre dans l'instant présent pendant la durée de l'histoire et ne songez pas à votre imagination tandis qu'elle s'exprime. Si votre récit est suffisamment prenant, vous pourrez vous permettre quelques maladresses sans que l'auditeur ne manifeste son impatience. Vous aurez le loisir d'analyser vos erreurs plus tard. Un proverbe arabe ne dit-il pas que «si on ferme la porte à l'erreur, on laisse la vérité dehors»? Sachez rester vous-même. N'essayez pas d'imiter ou de copier le style d'un autre. Nous avons tous été émerveillés par le talent de certains conteurs de blagues, mais l'imitation de ce talent ne donnerait certainement pas le résultat escompté. Essayez plutôt de comprendre ce qui fait la qualité du récit en général et foncez. Racontez du mieux que vous le pouvez. Allez-y à votre manière.[72]

Une autre préoccupation importante des utilisateurs, c'est la manipulation qui en découle. S'il est vrai qu'une certaine manipulation puisse s'exercer, elle est, selon Erickson, du même ordre que toute mère qui manipule son bébé si elle veut qu'il vive ou que le professeur qui manipule ses élèves pour leur apprendre à lire et à écrire. Il insiste sur le fait que, dans n'importe quelle situation, il faut faire des manipulations. Chaque communication appelle des réponses et par conséquent une manipulation. Cette manipulation peut être faite avec efficacité, pertinence et constructivité. Il souligne par ailleurs que cela n'a rien à voir avec le dessein des histoires ou leurs effets qui se manifestent surtout par des modifications intérieures.[73] Le couteau qui peut servir d'arme infernale est utilisé quotidiennement par des millions de personnes d'une façon tout à fait adéquate.

Le mental inconscient possède son propre système de protection et ne se laisse pas manipuler facilement. C'est pourquoi nous parlerons d'influence sur le bien-être personnel, influence qui vise le rétablissement de la cohérence intérieure.

Le résultat escompté de l'allégorie n'est pas garanti. Faire un récit métaphorique n'est pas un gage absolu de réussite. En revanche, le danger de faire du tort est pratiquement nul et le seul risque(!) en est un de croissance et d'harmonie intérieures.

Pour vous encourager à expérimenter des histoires allégoriques dans votre vie personnelle et professionnelle, je vous propose ce petit texte d'origine indienne intitulé «La Légende du Chevreuil»:

Un jour, Chevreuil entendit le Grand Esprit l'appeler du haut de la Montagne Sacrée. Chevreuil se mit immédiatement en marche dans le sentier qui mène au sommet. Il ne savait pas qu'un horrible démon gardait l'entrée de la loge du Grand Esprit. Ce démon tentait d'empêcher tous les êtres créés de s'approcher du Grand Esprit. Il voulait que toutes les créatures du Grand Esprit croient que Celui-ci refusait d'être dérangé. Si Démon réussissait à engendrer la peur chez les autres, il se sentirait puissant. Chevreuil n'eut aucune crainte quand il fit face à Démon. C'était bien étrange puisque Démon était l'archétype de tous les monstres qui ont déjà existé. Dans un ultime effort pour effrayer Chevreuil, Démon crachait le feu et laissait échapper des sons affreux. Toute créature le moindrement normale aurait fui au plus vite ou serait morte d'effroi. Toutefois, Chevreuil dit gentiment à Démon : «S'il vous plaît, laisse-moi passer, je m'en vais voir le Grand Esprit.» Les yeux de Chevreuil brillaient d'amour pour cette grosse brute de Démon. Celui-ci, tout étonné que Chevreuil n'ait pas peur, redoublait d'efforts. Malgré tout, il ne réussissait pas à effrayer Chevreuil, car l'amour de ce gentil animal avait pénétré son cœur endurci et plein de laideur. À son grand désarroi, Démon sentit son cœur fondre à vue d'œil et son corps se rétrécir jusqu'à ce qu'il atteigne la taille d'une noix de Grenoble. Ce changement radical était dû à l'amour persistant et à la douceur de Chevreuil. Grâce à la gentillesse et à la tendresse de Chevreuil, le sentier qui mène à la Montagne Sacrée est maintenant libre, et tous les enfants du Grand Esprit peuvent y cheminer sans craindre les démons qui en bloquent l'entrée.

Chevreuil nous enseigne à utiliser le pouvoir

de la douceur afin de toucher le cœur et l'esprit des êtres qui tentent de nous empêcher d'accéder à la Montagne Sacrée. Comme Chevreuil, on vous demande de rechercher la douceur d'esprit qui guérit les blessures. Cessez d'exercer des pressions pour que les autres changent : aimez-les tels qu'ils sont. Comme les brises d'été, sachez imprégner toute situation de douceur, de chaleur et de tendresse. Cette attitude saura vous relier à la Montagne Sacrée, ce lieu d'où rayonne la sérénité. De là, le Grand Esprit vous guidera.[74]

Deuxième partie

RÉPERTOIRE DE CONTES MÉTAPHORIQUES

Dans chaque âme, il y a un réduit obscur, une oubliette où un fou se démène et désespère de ne pas trouver sa lumière, et attend dans une ferveur fiévreuse qu'on daigne lui jeter en pâture une parole transcendante et libérante ; une parole qui mettra fin aux longues délibérations qu'il entretient avec lui-même, en vase clos.

BERTRAND BERGERON

Il y a des moments miraculeux dans l'existence où tout s'accomplit soudain par grâce ; les résistances cèdent, les obstacles sont franchis, le projet qui vous tient à cœur se déploie avec force et toutes vos initiatives s'enchaînent avec légèreté et justesse.

JEAN-PAUL DEBAILLEUL

THÉMATIQUE 1

LES ALLÉGORIES ET MOI

Choisir de vivre, d'aimer et de célébrer la joie d'exister, devenir pleinement responsable de sa vitalité et de son bonheur constituent sans contredit les actes les plus créateurs qu'un individu puisse faire.

GUY CORNEAU

LE VRAI BONHEUR. Chaque être cherche le bonheur alors que ce bonheur, c'est lui-même, le chercheur [...]. Sa recherche est sa vie, son bonheur est son être.

PLACIDE GABOURY

Tristel l'oiseau enchanteur

Sujet traité :
Individu timide, peu confiant en ses possibilités.

Situation désirée :
Amener la personne à surmonter sa timidité, à accepter ses erreurs, à développer la confiance et l'estime de soi, de même qu'à actualiser son potentiel.

Dans une magnifique forêt vivait, paisiblement et en harmonie, une grande famille d'oiseaux. Dès le matin, chacun de ses membres vaquait à ses occupations. Et durant toute la journée, personne ne manquait d'activités.

Vers la fin de l'après-midi, on voyait arriver de partout toutes sortes d'animaux qui se rassemblaient autour d'un arbre majestueux : le renard, l'ours, la marmotte, l'écureuil, etc. Même de petites souris surgissaient de toutes parts et semblaient attendre avec joie l'événement tant désiré de la journée : le concert de la famille d'oiseaux chanteurs.

Un jour, on aperçut comme d'habitude un mouvement grandiose dans le ciel : la famille d'oiseaux s'amenait. Tous prirent leur place sur la plus grosse des branches de l'arbre. Maestro, le maître oiseau, demanda à chacun de se présenter en faisant entendre son propre chant. Quand ce fut le tour de Tristel, qui pensait sérieusement avoir attrapé le virus de la timidité, aucun son ne sortit de son bec.

Personne ne remarqua cependant le malaise de ce petit Tristel, car tous les autres membres de la famille enchaînèrent à leur tour. Il se sentait tellement ridicule qu'il croyait que tous les animaux ne regardaient que lui! Il était si nerveux qu'il semblait sourire d'une façon saccadée, et les autres pensaient qu'il trouvait ça drôle.

Le lendemain et le surlendemain, la même chose se reproduisit. Aucun spectateur n'y porta vraiment attention, mais Tristel se découragea et crut qu'il n'avait aucun talent pour le chant. Quelle honte pour lui, un oiseau! Il se sentait complètement rejeté et inutile. Certains oiseaux se moquèrent de lui. Ses amis n'avaient plus le goût de lui parler, parce qu'ils ne savaient trop comment se comporter en sa compagnie.

Puis Tristel décida, un jour, de fausser compagnie au reste de la famille et observa de loin le déroulement de l'événement. Il était tellement malheureux et découragé que, bientôt, il ne parvint plus à entendre leurs voix. Tout devint confus dans sa tête. Il se mit à rêvasser, et dans son rêve, il entendit une voix splendide, une voix céleste, d'une beauté et d'une douceur extraordinaires! Cette voix était si intense et semblait si réelle qu'elle le fit sortir brusquement de son rêve.

À son réveil, tout étonné, Tristel aperçut tous les animaux et toute sa famille rassemblés autour de lui qui l'acclamaient. Puis il remarqua soudain son père, Piccolo l'enchanteur, et sa mère, Midore, qui en avaient les larmes aux yeux. «Que se passe-t-il?» se demanda Tristel. Il comprit alors que cette voix si magnifique, qui avait retentit dans toute la forêt, était sa propre voix.

Question suggérée :
Pourriez-vous imaginer l'attitude ultérieure de Tristel envers les autres animaux et le comportement de ceux-ci envers lui?

La guerre de l'étoile

Sujet traité :
Personnes qui se fient trop souvent aux apparences pour juger leurs semblables.

Situations désirées :
Apprendre à accepter une personne telle qu'elle est.
Réaliser qu'il faut parfois foncer dans la vie.

Par une belle nuit d'été, des milliers d'étoiles étincelaient dans le ciel. Dans un coin de la voie lactée se trouvaient Brillantine, Scintillante, Stella et Perle Dorée. Ces quatre étoiles se côtoyaient depuis longtemps. Elles paraissaient très belles avec leur grande robe lustrée qui rayonnait dans le ciel. Les quatre amies étaient les étoiles qui dégageaient le plus de lumière. Tous les astres de la Galaxie les aimaient parce qu'elles se démarquaient des autres avec leur grande traînée éblouissante. On les préférait parce qu'elles représentaient un beau modèle de richesse et de beauté. À cause de cela et de bien d'autres choses encore, elles avaient beaucoup d'amis.

À quelques kilomètres de là, dans un trou noir, se cachait une très petite étoile. Elle s'appelait Cristelle. Presque personne ne la connaissait, car elle s'isolait des autres étoiles. On la fuyait parce qu'elle paraissait terne et que ses parents avaient l'air démunis. Cristelle semblait triste de son sort. Toutes les nuits, elle pleurait, et c'est ce qui faisait perdre de la brillance à sa belle robe. Pourtant, elle était très gentille, mais personne, à cause de son apparence, ne faisait d'efforts pour la connaître.

Une nuit, Cristelle entendit de la musique qui venait de loin. Elle s'approcha doucement, car elle se montrait curieuse de voir ce qui se passait. C'est alors qu'elle vit les étoiles danser. C'était la fête annuelle des étoiles et, comme à tous les ans, personne ne l'avait invitée. Cette fois-ci, Cristelle était bien décidée à y participer.

Lorsqu'elle s'approcha, tous les astres la dévisagèrent. Elles la trouvaient peu attirante. Cristelle se serait bien sauvée à toute vitesse! Mais, n'écoutant que son courage, elle se mit à danser. Elle virevoltait, sautait, tournoyait élégamment.

Bientôt, toutes les étoiles se mirent à l'admirer, émerveillées de voir qu'elle dansait si bien. À partir de ce moment, plusieurs étoiles commencèrent à lui parler et à découvrir à quel point Cristelle, malgré son apparence, était gentille, douce et intelligente.

Dès cette nuit-là, Cristelle commença à retrouver son éclat. Le soir, ses pleurs avaient disparu. Car elle se savait maintenant entourée de nombreux amis. Elle était très heureuse et fière d'avoir gagné sa superbe bataille en montrant aux autres ce qu'elle valait vraiment.

Question suggérée :

Que pourriez-vous dire à Cristelle ou faire pour elle, afin de l'encourager à poursuivre ses efforts?

Pâquapable

Sujets traités :
Faible prise de conscience de ses ressources intérieures.
Abandon devant l'effort.

Situations désirées :
Prendre conscience de ses capacités et de son potentiel.
Stimuler la valorisation et la confiance en soi.
Apprendre à relever des défis.
Développer l'estime de soi.
Vaincre la peur de l'échec et du ridicule

Il était une fois un petit lapin nommé Pâquapable. Il vivait dans une magnifique forêt où il y avait beaucoup d'animaux de son âge, tous très gentils. Pâquapable avait tout pour être heureux. Pourtant, il était souvent triste. Pendant que les autres animaux s'amusaient, lui restait seul au pied d'un arbre, à dessiner sur des écorces de bouleaux.

Un beau jour, Dynamo le renard vint lui demander s'il voulait jouer au trécarré avec lui et les autres animaux de la forêt. Pâquapable refusa son offre et lui dit :

— Je ne sais pas jouer au trécarré et je ferais perdre ton équipe.

Dynamo insista, mais Pâquapable ne changea pas d'idée.

Quelques jours plus tard, alors qu'il faisait très chaud, Pistache le canard vint inviter Pâquapable à faire des châteaux de sable sur la plage. Pâquapable s'empressa aussitôt de lui répondre qu'il ne savait pas comment construire un château de sable et qu'il préférait rester seul à dessiner au pied de son arbre.

Par la suite, plusieurs animaux invitèrent Pâquapable à venir s'amuser avec eux. Chaque fois, il refusait leur offre en leur disant :

— Je ne sais rien faire et il vaut mieux pour tout le monde que je reste seul sous mon arbre.

Un bon jour, par temps calme, alors que les animaux se reposaient, une bourrasque de vent se leva soudainement, emportant avec elle tous les dessins de notre ami lapin. Comme par hasard, la plupart se posèrent délicatement près de l'abri des animaux qu'il connaissait bien.

Lorsque le vent se calma, Dynamo, Pistache et les autres sortirent de leur maison et trouvèrent les dessins signés Pâquapable. Surpris de constater que Pâquapable dessinait aussi bien, ils se précipitèrent chez lui pour le féliciter. Notre ami fut très surpris de recevoir autant de compliments et il fut heureux de constater qu'il savait faire quelque chose de bien.

En réalisant qu'il était doué pour faire de beaux dessins, Pâquapable prit enfin sa place parmi les animaux de la forêt. Pâquapable enseignait à ses amis comment dessiner, et eux lui montraient de nouveaux jeux. Et Pâquapable se découvrit toutes sortes de capacités pour réussir bien d'autres activités. Il était heureux. Il acceptait les invitations de ses amis et il pouvait s'apercevoir enfin qu'il réussissait aussi bien qu'eux tout ce qu'il entreprenait.

Question suggérée :

Que pensez-vous qu'il arriva par la suite à notre ami Pâquapable?

Charlyne regarde la parade

Sujets traités :
Manque d'initiative et d'investissement à l'école.
Troubles d'apprentissage.
Non-respect des consignes.

Situations désirées :
Valoriser l'importance de l'école.
Apprendre à relever des défis et à se faire confiance.
Favoriser l'estime de soi.
Montrer l'importance de présenter un travail bien fait.

Il était une fois une petite bohémienne nommée Charlyne, qui devait préparer un nouveau numéro d'acrobatie pour le prochain spectacle du cirque dont elle faisait partie.

Pendant que le maître de piste donnait des explications sur les cascades, la façon de jongler et les différents trucs pour rester en équilibre sur les trapèzes, Charlyne écoutait plus ou moins. Elle préférait crayonner, dessiner, jouer avec ses doigts et regarder tout autour d'elle pour voir ce qui s'y passait. Il lui arrivait même de déranger ses petits voisins et voisines qui, eux, étaient concentrés sur l'exposé du grand maître de piste. Sa tante, Hirma, essayait tant bien que mal tous les soirs de lui faire répéter une partie de ses acrobaties. Charlyne, ayant des talents naturels en acrobatie, se fiait beaucoup à sa tante. Elle la regardait faire ses démonstrations sans s'efforcer à son tour de bien les réussir. De plus, elle croyait qu'elle avait beaucoup de temps devant elle pour apprendre, car le spectacle était loin.

Un jour, Hirma fit une maladresse, tomba et se blessa à la tête. Elle se retrouva donc dans l'impossibilité de continuer à faire répéter Charlyne. La petite, désemparée, alla s'enfermer dans sa roulotte et éclata en sanglots.

Bozo le clown, qui passait par là, l'entendit pleurer. Il frappa à la porte de la roulotte. Notre amie Charlyne vint lui ouvrir, le regard triste et les yeux pleins d'eau. Elle lui raconta sa malheureuse histoire, disant qu'elle ne serait jamais prête pour le spectacle, car elle n'avait pas répété comme elle aurait dû. Bozo lui répondit :

— Tu as certainement appris quelques tours jusqu'à maintenant?

Elle fit signe que oui. Il lui proposa alors de l'aider un peu, car il devait lui-même préparer son propre numéro. Charlyne sourit et elle promit au clown de faire tous les efforts nécessaires pour se rattraper.

Son attitude changea alors complètement lors des rencontres avec le grand maître de piste et pendant les séances d'entraînement. Elle était devenue très attentive et elle faisait beaucoup d'efforts pour reprendre le temps perdu.

Finalement, Charlyne fut prête à temps et réussit ses acrobaties comme elle l'avait espéré. Elle était d'autant plus fière qu'elle y était parvenue d'elle-même. Ainsi, elle pourrait demeurer dans la belle famille du cirque. Sans compter qu'elle allait faire partie de la grande parade dans les rues de la ville.

Elle entrevoyait maintenant la possibilité de présenter sa candidature pour le spectacle annuel du Cirque du Soleil.

Questions suggérées :

Croyez-vous qu'elle y réussit? Si oui, de quelle façon s'y est-elle prise? Pensez-vous qu'Hirma était fière de Charlyne? Pourquoi?

Goglu et le grand Cormoran

Sujets traités :
Problématique de quelqu'un qui gère mal sa frustration ou qui ne réfléchit pas avant d'agir.
Manque de motivation à l'école ou ailleurs.
Comportement entêté de certains individus.

Situation désirée :
Réaliser que c'est à nous de fournir des efforts pour quelque apprentissage que ce soit.

Dans une forêt, un groupe de hérissons suivait les instructions du grand maître expert dans l'art de se défendre.

Comme vous le savez, les petits hérissons doivent apprendre à se protéger de leurs ennemis en se transformant en petites boules ou en utilisant d'autres techniques démontrées par le maître.

Tous les hérissons pratiquaient la technique avec sérieux, à l'exception de Goglu qui trouvait ridicule de perdre ainsi son temps. Il aurait préféré gambader dans les bois et faire ce qui lui plaisait.

Le grand maître s'approcha de Goglu et lui demanda de faire la petite boule. Goglu refusa en répondant :

— Ça ne me tente pas!

Le grand maître lui expliqua que c'était très important de savoir se défendre par soi-même en forêt et il exigea que Goglu adopte la position comme tous les autres hérissons. Goglu se sentit frustré! Il détestait que le maître décide pour lui. Toutes les fois que cela se produisait, une colère l'envahissait, et il ripostait de toutes sortes de façons. Parfois il boudait, parfois il répliquait au maître, d'autres fois il se fâchait contre un camarade ou encore il pleurait de rage ou s'enfuyait.

Aujourd'hui, la demande du maître le provoquait encore. Il se fâcha, donna un coup de pied sur un caillou, insulta le grand maître et s'enfuit dans le bois. Il courut jusqu'à en perdre le souffle et s'arrêta près d'un arbre immense. Il repensa à ce qui venait de se passer et il fut à la fois en colère et malheureux. Il se sentit seul et désespéré et il éclata en sanglots.

Après un moment, Goglu se rendit compte que quelqu'un l'observait avec de grands yeux. C'était le grand Cormoran qui, penché sur son arbre, attendait qu'il cesse de pleurer.

Bientôt, Goglu sécha ses larmes et s'approcha timidement du grand Cormoran, qui l'accueillit avec bienveillance. Alors, Goglu se vida le cœur et lui raconta tout ce qu'il vivait et ce qu'il ressentait.

— Crois-tu que tu serais capable d'escalader cette montagne? lui demanda le grand Cormoran.

— Non, lui répondit Goglu.

— Et pourquoi? lui demanda son ami.

— Parce que je n'ai pas appris comment faire.

— Et si tu apprenais la technique pour l'exécuter et que tu t'entraînais avec cette technique, crois-tu que tu arriverais à l'effectuer?

— Bien sûr! répondit Goglu.

— Alors, tu as tout compris! lui rétorqua le grand Cormoran. C'est la même chose pour tout ce qu'on veut apprendre. On doit d'abord découvrir avec l'aide d'un maître comment s'y prendre et puis, ensuite, même si ce n'est pas toujours drôle et facile et qu'on aurait tendance à se décourager, il faut répéter, répéter et répéter... Et plus on répète, plus on devient bon... Et plus on devient bon, plus on aime cela! Les autres ne peuvent pas apprendre à notre place, c'est à nous de faire les efforts si on veut réussir!

— Je te remercie pour tes sages conseils, lui répondit Goglu. Je vais retourner voir le grand maître et m'excuser auprès de lui et de mes copains. Et je te jure que je vais changer mon comportement, car je suis sûr que je suis capable de réussir!

Question suggérée :

Comment pensez-vous que la vie de Goglu s'est déroulée par la suite?

Carlos le roi de la moto

Sujets traités :
Intolérance d'un jeune face à son entourage.
Non-respect des consignes.

Situations désirées :
Réaliser l'importance de respecter les gens autour de soi et les consignes établies.
Faire preuve de tolérance et de compréhension devant l'expérience des aînés.

Carlos, audacieux conducteur de moto, très connu en Europe, décida un jour de faire un voyage de repos à Montréal, après avoir fait bonne figure au dernier Grand Prix de Monaco.

À l'aéroport, une voiture de location l'attendait. Il s'installa au volant et il prit la direction du centre-ville pour descendre à son hôtel.

Mais comme vous connaissez sans doute l'achalandage du trafic routier dans une grande ville comme Montréal, vous vous doutez bien qu'il était impossible pour notre ami de faire de la vitesse! Pris dans un embouteillage, soumis aux feux de circulation, aux piétons et aux agents de la paix, le pilote intolérant klaxonna, baissa la fenêtre de son véhicule, cria et insulta les autres conducteurs.

Enfin sorti de l'embouteillage et bouillonnant de colère, il accéléra imprudemment et entra en collision avec un autre véhicule. C'était la catastrophe!

À demi inconscient sur la chaussée, Carlos entrevit soudain, dans une sorte de nuage, son idole, le grand champion de moto, décédé tragiquement peu de temps auparavant, qui s'adressa à lui :

— Veux-tu connaître le secret de ma réussite? dit-il.

— Certainement! répondit Carlos.

— Vois-tu, reprit le héros, à ton âge, moi aussi j'étais fougueux, impatient, je voulais toujours être le premier. La plupart du temps, je ne tenais pas compte des autres! Souvent je sentais beaucoup de frustration, parce que je croyais qu'ils ne me comprenaient pas. J'étais très malheureux! Je croyais que c'était toujours les autres qui avaient tort... Jusqu'au jour où j'ai réalisé que tout venait de moi! Je voulais que les autres se comportent selon mes désirs, ma volonté... Maintenant, je sais que j'ai à respecter les désirs des autres et à me plier à certains de leurs règlements. Finalement, le secret de ma réussite a été de me dépasser moi-même. Le fait de développer la patience, la tolérance et la courtoisie m'a permis de devenir plus autonome, d'être aimé et accepté des autres. Pense à ce que je t'ai dit et tu seras plus heureux.

À son réveil et, heureusement en bonne santé, notre intrépide ami reprit le volant et se dirigea vers le centre-ville d'une tout autre façon...

Question suggérée :
Quel fut, d'après vous, le comportement de Carlos à la suite de cet accident?

Petit-Pois et Plume

Sujets traités :
Jeune perturbé et agité, ayant des troubles d'adaptation, d'attention et de concentration.
Personne ayant des difficultés de communication, souvent accompagnées d'une faible estime de soi à la suite de divers traumatismes (inceste, agression, violence, etc.)

Situations désirées :
Favoriser la paix intérieure en se sentant accepté et écouté.
Se donner le droit d'exprimer ses sentiments et ses émotions.
Se sentir capable de communiquer et d'accepter ses différences.

Petit-Pois était un jeune garçon souvent triste et en colère, sans trop savoir pourquoi. Depuis qu'il était tout petit, on lui avait donné ce nom-là, mais il n'en connaissait pas la raison. Il n'avait pas souvent le goût de s'amuser.

Petit-Pois était tellement triste que même les cailloux par terre le dérangeaient. Si bien qu'il leur donnait de très gros coups de pied lorsqu'il les croisait. Il trouvait que les arbres étaient gros et laids et que les oiseaux, eux, chantaient trop fort. De plus, il disait souvent qu'il se trouvait «poche».

Un jour, Petit-Pois, tout en marchant dans la forêt, décida de s'asseoir par terre, tout près du ruisseau qu'il aimait tant. Tout à coup, il vit un petit ours blanc s'approcher de lui.

— Bonjour, jeune homme! lui dit le petit ours.

Petit-Pois ne répondit pas.

Est-ce que ça va bien? reprit l'ours.

— Non, et fiche-moi la paix! répondit Petit-Pois.

Le petit ours tout blanc, tout rond comme une boule de coton, dit à Petit-Pois qu'il connaissait beaucoup de petits garçons et de petites filles comme lui qui n'avaient le goût de parler à personne.

— Sais-tu quoi? dit le petit ours. Je connais un beau papillon avec des ailes aux coloris de l'arc-en-ciel. Il est très joli avec toutes ces couleurs douces comme un petit vent sur nos joues et il est léger comme une plume.

Le petit ours se mit à rire.

— Cela me fait rire, dit le petit ours, car justement ce papillon s'appelle Plume!

Papillon Plume écoutait tous les secrets des enfants qui, comme Petit-Pois, voulaient bien dire des choses à quelqu'un quand ils étaient tristes ou en colère, ou quand ils voulaient simplement parler.

Petit ours expliqua à Petit-Pois comment il devait faire pour voir ce beau papillon :

— Quand tu as le goût de raconter des secrets à quelqu'un, surtout le soir avant de t'endormir, tu n'as qu'à penser très fort à Plume le papillon et tu pourras probablement le sentir.

Eh bien! Vous ne me croirez peut-être pas, mais un soir, Petit-Pois a vu et senti ce joli papillon Plume aux ailes couleurs arc-en-ciel. Il a même pu lui parler très longtemps, lui racontant plein de choses, car il savait bien que Plume n'irait jamais le dire à personne à moins que ce soit vraiment nécessaire.

Le lendemain matin, Petit-Pois se sentait beaucoup mieux. Le paysage devint radieux et le chant des oiseaux lui faisait davantage plaisir. Même ses notes scolaires se sont améliorées depuis ce temps-là!

Quant à toi, aimerais-tu voir ce joli papillon? Chut! C'est un secret... Eh bien! Tu as la solution : tu pourrais penser très fort à Plume, le joli papillon aux ailes couleurs arc-en-ciel et lui raconter tes soucis et tes problèmes... Tu verras ce qui arrivera par la suite!

Question suggérée :
Que pensez-vous que Petit-Pois a raconté à Plume le papillon?

Pierre et la loutre

Sujets traités:
Personne qui se sent rejetée.
Problématique entourant la séparation, l'adoption, les familles d'accueil, etc.

Situations désirées:
Réaliser l'importance de se sentir utile et aimé.
Continuer de croire en ses forces et en ses capacités.
Amener quelqu'un à conserver ou développer un idéal de vie.

Sur une plage nordique et isolée se trouvait la maison d'un animal. Cet abri était formé de plusieurs petites pierres disposées en cercle. Les pierres se sentaient bien ensemble et elles se connaissaient depuis longtemps.

Un jour, l'animal décida de refaire son nid et rejeta une des pierres à la mer. La pierre se retrouva donc, malgré elle, en eau profonde, séparée des autres cailloux. Elle se sentait délaissée, rejetée et inutile. Elle se dit : «Je suis malheureuse comme les pierres! Plus personne n'a besoin de moi et je me sens laide et perdue.»

Un soir, une loutre à la recherche d'oursins vint à passer dans les environs. Elle remarqua cette pierre dont la forme particulière correspondait tout à fait à ce qu'elle cherchait. Elle s'en empara, la remonta à la surface et la posa délicatement sur son ventre. La petite pierre ne comprenait pas vraiment ce qui lui arrivait, mais comme elle était contente de revoir la lumière! «Quelle utilité pourrais-je bien avoir pour une loutre?» se demandait-elle. La loutre prit alors un oursin et le cogna à quelques reprises contre la pierre.

L'oursin se rompit et livra alors sa chair délicieuse. La pierre huma le délicat parfum de ce fruit de mer et sentit avec satisfaction qu'elle était, de nouveau, utile à quelqu'un.

La loutre, qui dégusta avec plaisir son repas, apprécia au plus haut point cette petite pierre qui, en plus de bien la servir, lui apparaissait fort jolie et douce à caresser. Elle décida de l'adopter et de la conserver toujours près d'elle. Elle l'appela «Pierre».

La petite pierre n'en revenait pas. Non seulement elle se sentait utile et en sécurité, mais en plus, c'était inespéré, elle se sentait aimée et elle avait un nom.

Logée dans l'épaisse fourrure de la loutre, elle goûta la chaleur d'un nouveau foyer et ressentit la satisfaction d'être importante pour quelqu'un.

Question suggérée :
Quelle sorte de vie fut, d'après vous, réservée par la suite à notre petite Pierre?

Scapin et le Roi-Lion

Sujets traités :
Personne qui se sent mal dans sa peau.
Manque de confiance et d'estime de soi.

Situations désirées :
Apprendre aux gens à s'accepter tels qu'ils sont et à se montrer sous leur vrai jour.
Valoriser l'honnêteté et l'authenticité chez les individus.
Favoriser une meilleure estime de soi.

Comme vous le savez tous, il y a, dans la jungle africaine, une multitude d'animaux de toutes les couleurs, de toutes les grandeurs, de toutes les grosseurs et qui sont aussi malins les uns que les autres. Les relations amicales y sont fréquentes et la plupart de ces animaux se connaissent et se respectent mutuellement.

On raconte qu'un jour, celui qu'on appelle le Roi-Lion, titre qui lui a été conféré depuis des générations, aperçut soudain, sous de petits feuillages verdoyants du matin, un animal plutôt frêle de nature, qui dormait tout enroulé sur lui-même.

Ne connaissant pas le nouveau venu, le roi l'interpella d'une voix retentissante:

— Hé! Toi, je ne t'ai point vu de toute ma vie! Tu me sembles assez âgé et tu ressembles à une limace. Qui donc es-tu?

Se réveillant en sursaut au son de ces paroles surprenantes, le caméléon s'enfuit sans demander son reste, en prenant ses pattes à son cou.

Quelques jours plus tard, alors qu'il se baladait dans la forêt, le caméléon aperçut soudain le lion. Instantanément, il se transforma en lièvre pour mieux pouvoir fuir. Malheureusement, le lion, en deux temps, trois mouvements, le rattrapa et le prit dans ses griffes.

— Arrête! Arrête! Ne me fais pas mal! lui disait le lièvre, je suis la limace que tu as vue l'autre matin!

— Tu as de la chance, j'aurais pu te manger! lui dit le lion, qui es-tu donc? Tu peux me le dire maintenant.

— Je suis Scapin, le caméléon.

— Pourquoi te transformes-tu de la sorte?

— Je n'y peux rien, lui répondit Scapin. Chaque fois qu'un animal me fait peur, je change de forme, étant ainsi plus à l'aise pour lui parler.

— Mais, diable! s'écria le lion, comment les autres font-ils pour te reconnaître? Puisque tu prends toutes ces formes, as-tu honte de toi et as-tu peur de te montrer tel que tu es? Quand je t'ai vu tout à l'heure en train de courir, tu ressemblais à un de mes mets préférés...

Et le lion continua sur sa lancée :

— Vois-tu, quand je m'adresse à un de mes sujets, je veux bien savoir à qui je parle, car j'aime bien reconnaître mes camarades. Si tu te transformes, je ne pourrai pas te retrouver quand je voudrai te joindre, car tu peux ressembler à tous les animaux et je ne pourrai compter sur toi si j'ai besoin d'un ami sincère.

— J'aimerais beaucoup être ton ami! lui répondit promptement Scapin.

— Alors, qu'attends-tu pour te montrer sous ton vrai jour? lui rétorqua le lion.

Il y eut un long moment de silence et, après quelques hésitations, Scapin, maintenant redevenu caméléon, s'approcha très près du grand lion, qui lui mit gentiment la patte sur le dos.

[On pourrait, ici, prendre un temps d'arrêt pour imaginer ou faire imaginer la fin de cette histoire.]

— Eh bien! lui dit le lion. Viens avec moi, afin que je puisse te présenter mes amis. Ils te connaîtront sous ton vrai jour, tu les regarderas droit dans les yeux et tu leur diras qui tu es.

C'est alors que les deux nouveaux amis partirent à travers la petite brume matinale, vers de nouvelles aventures. Depuis ce jour, Scapin a toujours gardé son apparence et il se sent maintenant bien dans sa peau de caméléon.

Question suggérée :
Pourriez-vous décrire les sentiments que peut ressentir maintenant Scapin dans sa nouvelle situation?

La comtesse de Sécure

Sujets traités :
Personne mal à l'aise intérieurement.
Mauvaise habitude de porter sans cesse des jugements de valeur sur les autres.
Obstacle à la communication.

Situations désirées :
Apprendre à faire le deuil de la perfection.
Apprendre à s'accepter et à accepter les autres tels qu'ils sont.
Apprendre à faire confiance aux autres.

Il y avait un jour, dans un pays lointain, une princesse au caractère difficile, qui n'était jamais satisfaite de l'aménagement intérieur de son château. À tous les jours, elle trouvait à redire sur quelque chose.

Elle décida donc, par un beau matin d'été, d'entreprendre la démolition et la reconstruction de tout l'intérieur de son palais.

Elle appela alors un charpentier célèbre, reconnu comme le meilleur artiste de tout le pays. Le charpentier examina minutieusement le travail demandé et il se mit rapidement à la tâche.

Dès les premières journées de travail, à chaque dix minutes, à chaque demi-heure, à chaque heure, à chaque demi-journée, constamment, la princesse venait l'interrompre afin de critiquer le travail accompli. Bientôt, le charpentier commença à se fatiguer.

Un midi, alors que la princesse venait faire sa tournée habituelle d'inspection, quelle ne fut pas sa surprise de constater que son charpentier était disparu comme par enchantement et que tout le chantier était resté à l'abandon. Quel malheur!

Saisie de panique et de colère, son orgueil en ayant pris un coup, elle arriva en trombe chez le magicien du royaume. Hors d'elle, la princesse lui relata les faits.

— Cette situation ne peut pas durer! déclara-t-elle. Le château doit être rénové maintenant!

Un sourire moqueur se dessina alors sur les lèvres du magicien au regard vif, car il avait compris depuis longtemps que cette jeune princesse arrogante avait besoin de changer son comportement et sa vision des choses.

Il fouilla donc dans son coffre aux trésors et en ressortit un miroir magique. Il le remit à la princesse et l'obligea à se regarder à toutes les dix minutes, aux demi-heures, aux heures, aux demi-journées, etc. Elle devait se contempler, découvrir les richesses et les belles choses qui y apparaîtraient à chaque instant. L'exercice devait durer trois jours. Il lui promit qu'ensuite elle pourrait recontacter le menuisier et que le travail se ferait d'une façon beaucoup plus efficace.

La princesse avoua plus tard que ces trois jours furent les plus durs de toute sa vie. Mais elle avait compris bien des choses...

Questions suggérées :

Pourquoi, d'après vous, la princesse a-t-elle trouvé ces trois jours si difficiles? Quelle leçon en a-t-elle tiré d'après vous?

Paris-Dakar, la course du siècle

Sujets traités :
Abandon devant l'effort.
Solutions parfois radicales face aux difficultés de la vie.
Manque de confiance en soi et en ses ressources.

Situations désirées :
Amener l'individu à grandir à travers les épreuves (abandon, tentative de suicide, etc.)
Apprendre à relever des défis.
Garder son courage et son optimisme malgré ce qui arrive.
Valoriser la confiance en soi.
Entretenir des projets et de nouveaux défis afin de garder le moral.

Très tôt, Angelo se passionna pour la course automobile. Son rêve était de se lancer à la conquête du désert sur son bolide à quatre roues.

Il savait que l'épreuve exigerait beaucoup de préparation, de temps et d'efforts. Angelo décida donc d'y investir toute son énergie et toutes ses économies.

Quelques années plus tard, voici ce qu'on entendit dans les haut-parleurs annonçant les départs de la grande course Paris-Dakar: «Au prochain départ, nous avons le concurrent portant le numéro 13, d'origine inconnue et pilotant sa propre voiture, Angelo Eldorado!»

Puis, ce fut le départ en trombe! Motivé et décidé, notre ami s'engagea dans la course, laissant derrière lui un nuage de poussière. Il négocia les virages avec audace et ténacité, dépassa plusieurs concurrents et roula à une vitesse folle.

Ensuite, ce fut la traversée du désert. Des heures de conduite sous un soleil de plomb, à travers des dunes qui se ressemblaient toutes. Bientôt, il eut du mal à reconnaître sa route, et son moteur commença à avoir des ratés. Puis, l'impensable arriva: le moteur cala et refusa de redémarrer. Angelo n'osait pas y croire. Lui qui avait tout prévu, il se retrouvait maintenant égaré, derrière le peloton! Épuisé et nerveux, la chaleur étant de plus en plus intense, il ouvrit le capot et essaya en vain de faire redémarrer la voiture. Il grimpa sur une dune afin de se repérer, mais tout était blanc!

À ce moment, il voulut tout abandonner et quitter définitivement le monde de la course automobile, qui représentait pourtant toute sa vie. Mais, une voix intérieure le retenait.

Se traînant sous le soleil torride, il fut ébloui par une sorte de mirage au milieu duquel lui apparut soudain la personne la plus importante de sa vie. Cette personne lui rappela ses grandes ressources intérieures et lui fit penser à la trousse d'urgence placée sous le siège arrière de la voiture, chose qu'il avait oubliée dans l'énervement et le stress de la compétition. Cette hallucination lui permit de retrouver sa force et son courage et il prit quelques minutes pour se concentrer et refaire ses forces... Il regagna alors la voiture et y découvrit la boussole et les outils nécessaires à la réparation du moteur.

Pendant plusieurs heures, il travailla d'arrache-pied, et ses efforts furent bientôt récompensés: le moteur ronronnait de nouveau. Quelle joie! Quelle satisfaction!

Heureux et très optimiste, il mit de nombreuses heures à rejoindre les autres participants de la course et à se rendre au fil d'arrivée sous les acclamations de la foule. Sa plus grande récompense fut d'être allé jusqu'au bout de son rêve avec ardeur et détermination.

On raconte que, quelques jours plus tard, un grand constructeur automobile lui proposa un contrat qu'il fut très fier d'accepter.

Question suggérée :

Quel personnage, d'après vous, Angelo a-t-il aperçu dans son mirage et de quelles ressources intérieures parlait-il?

Le masque ensorcelé

Sujets traités :
Tendance qu'ont certaines personnes à cataloguer leurs semblables. Difficulté pour certains individus de demeurer honnêtes et authentiques (exemple : double personnalité).

Situations désirées :
Réaliser qu'on peut se débarrasser d'une étiquette, d'une image négative ou d'une habitude mauvaise (drogue, alcool, etc.)
Apprendre à demeurer soi-même et à assumer ses choix.
Demander de l'aide en cas de besoin.

Voici l'histoire inimaginable du comédien Kanoga, acteur principal d'une œuvre théâtrale, qui connaissait un succès sans précédent.

La pièce se divisait en deux parties : dans le premier acte, notre ami incarnait le rôle du méchant, et dans la deuxième partie, il représentait un personnage aimable et bon. Il se produisait dans ce spectacle depuis des années et il attirait des foules extraordinaires.

Or, un soir qu'il jouait son rôle à la perfection comme à l'habitude, Kanoga se rendit compte, pendant l'entracte, qu'il n'arrivait plus à enlever son masque de mauvais. Il lui restait collé à la peau. Il avait beau tout faire pour retirer le déguisement, mais rien n'y faisait. Il n'arrivait plus à se débarrasser de cette image négative qu'il représentait. Quelle catastrophe! C'était la panique! Tous les gens autour de lui, troublés et inquiets, essayaient bien de l'aider à se libérer, mais personne n'était capable d'arracher le masque hideux qui lui collait au visage... Et il ne restait plus que quelques minutes avant la reprise du spectacle!

C'est alors que l'artiste eut une idée lumineuse :

— Allez vite chercher mon grand-père, qui est dans la salle, dit-il. Lui seul pourra m'aider à me défaire de ce masque!

Le grand-père arriva de toute urgence et comprit rapidement la situation. Il sortit alors de sa poche un petit miroir et le remit à son petit-fils en lui disant :

— Un grand sorcier m'a donné ce miroir magique en Afrique Noire, il y a de nombreuses années. Il a le pouvoir de te libérer de ton personnage de mauvais augure, mais uniquement si tu as la volonté ferme et inébranlable de redevenir toi-même!

Kanoga se regarda alors dans le miroir et aperçut le visage horrible qu'il devait absolument faire disparaître avant d'entrer en scène. Il se concentra intensément pour se rappeler son vrai visage. Quelle ne fut pas sa surprise de voir soudain le masque ensorcelé se mettre à fondre en dégoulinant peu à peu, laissant apparaître graduellement le visage serein du jeune homme, tel qu'il était avant cette triste aventure.

Tout heureux d'être ainsi libéré, notre ami Kanoga courut vers la scène, le cœur léger, afin de terminer son spectacle qui remporta un succès remarquable.

Question suggérée :
Pourriez-vous vous imaginer le vrai visage de Kanoga et en faire la description?

La perle magique

Sujets traités :
Traumatisme de peur d'origine inconnue.
Isolement et manque d'initiative personnelle.

Situation désirée :
Aider la personne à reprendre contact avec elle-même et son monde environnant.

Une maisonnette était située dans une clairière près d'un bosquet sombre.

Au coucher du soleil, chaque soir, une petite fille seule et triste venait y passer la nuit. Mais, à peine endormie, un ogre surgissait et ne lui laissait que la vaste forêt comme logis.

Ce fut ainsi pendant très longtemps. La force de l'ogre dominait.

Le hibou Sage-Œil, qui vivait près de là, était d'ailleurs témoin de la scène quotidiennement.

Un soir, il donna à la jeune fille une chandelle allumée et il lui dit :

—Passe une bonne nuit dans ta maisonnette.

Mais elle était à peine endormie que l'ogre souffla la chandelle. Et la petite fille se retrouva aussitôt dans la forêt.

Le deuxième soir, le hibou lui remit une fleur. Une fleur d'une beauté infinie. Le hibou dit à la fillette :

—Passe une bonne nuit dans ta maisonnette.

Mais elle avait à peine fermé les yeux que l'ogre piétina la fleur. Et la fillette se retrouva de nouveau dans la forêt.

Le troisième soir, le hibou lui remit une perle magique et il lui dit :

—Aie confiance et courage, passe une bonne nuit dans ta maisonnette.

Le désir d'habiter vraiment ce petit logis était tellement grand que la fillette ne pouvait dormir, tellement elle craignait l'ogre. Quand il arriva, la détermination de la jeune fille était si intense qu'elle l'affronta en serrant énergiquement la perle dans sa main.

C'est à ce moment que... la fillette devint princesse et la maisonnette... un immense château!

Au matin, l'ogre se réveilla couché dans une grotte froide et laide. Il ne retrouva plus le chemin de la maisonnette.

Quant à la princesse, elle reprit possession de son royaume de beauté et de paix intérieure, et elle commença à entrer graduellement en relation avec les gens autour d'elle.

Question suggérée :
Pourriez-vous suggérer maintenant à la princesse des moyens pour l'aider à se faire des amis?

Luminix et la libellule

Sujet traité :
Diverses peurs et, particulièrement, peur de la noirceur.

Situations désirées :
Apprendre à vaincre ses peurs.
Favoriser l'autonomie dans ses actions.
Accepter l'aide des autres.
Travailler en équipe (partenariat).

Un jour, dans une forêt magique, est née Aile-Noire, une magnifique libellule. Sa famille vivait heureuse dans un beau nid douillet. Aile-Noire adorait le soleil, se laissait bercer par le vent et écoutait ses frères et sœurs chanter toute la journée...

Mais, le soir venu, quelle catastrophe! Aile-Noire avait tellement peur du noir qu'elle en tremblait de toutes ses ailes. Une nuit, les tremblements furent si violents qu'Aile-Noire tomba en bas du nid! Terrifiée par cette longue chute, elle se blottit sous une feuille et y resta plusieurs heures, en écoutant avec inquiétude et frayeur les mystérieux bruits de la nuit.

Luminix, une chauve-souris qui patrouillait la forêt enchantée cette nuit-là, s'approcha doucement d'Aile-Noire :

— Que fais-tu là? lui demanda-t-elle.

— Je suis tombée de ma maison et j'ai si peur du noir! répondit Aile-Noire, le trémolo de l'angoisse dans la voix. Et toi, qui es-tu? demanda-t-elle timidement.

— Moi? Je suis Luminix, la chauve-souris et j'ai

une idée géniale! Voilà : avec mes yeux qui deviennent magiques la nuit, je serai ton guide. En échange, tu pourrais devenir mes yeux lumineux durant le jour et m'apprendre à me débrouiller sous les chauds rayons du soleil!

— Oh! Oui, super! rétorqua Aile-Noire. C'est une proposition fantastique!

[On pourrait, ici, prendre un temps d'arrêt pour imaginer ou faire imaginer la fin de cette histoire.]

Et c'est ainsi qu'Aile-Noire, grâce aux bons conseils de Luminix, apprivoisa graduellement la nuit et affronta la noirceur. De son côté, Luminix apprit à être de plus en plus à l'aise avec la lumière du jour en écoutant et en appliquant les sages suggestions d'Aile-Noire.

Questions suggérées :
Et vous, quels conseils auriez-vous donnés à Aile-Noire pour vaincre sa peur de la noirceur? Que pensez-vous qu'il serait arrivé à Luminix s'il avait refusé l'aide d'Aile-Noire?

Jumbo Bimbo

Sujet traité :
Peur de la douleur lors d'une intervention médicale (dentiste, opération, accouchement, etc.).

Situations désirées :
Réaliser qu'il vaut mieux prévenir que guérir.
Prendre conscience que c'est l'effort régulier et constant qui nous amène là où on le désire.
Apprendre à utiliser des techniques particulières au moment d'une intervention chirurgicale.

Dans la jungle vivait une famille d'éléphants qui travaillaient à défricher une partie du terrain où ils prévoyaient s'installer la saison suivante. Rita Bimbo, une jeune éléphante de trois ans, vivait avec ses parents. Elle était leur fierté, surtout en raison de ses magnifiques défenses. Rita aussi en était très fière. Elle les entretenait bien et y mettait beaucoup de soin.

Par un beau matin ensoleillé, Jumbo Bimbo, le père de Rita, leur raconta pendant la pause que son grand-père était devenu un jour le grand chef du troupeau grâce à la dimension et à la blancheur éclatante de ses défenses.

Après la pause, notre famille retourna donc au travail, car le temps passait. Soudain, un bruit résonna dans la vallée et un hurlement s'ensuivit.

— Maman, Papa, j'ai brisé mon ivoire, je ne pourrai jamais devenir comme mon grand-père!

— Que t'est-il arrivé? lui demandèrent-ils en chœur.

— Je voulais soulever cet arbre et ma défense s'est accrochée dans un rocher! reprit-elle. C'est affreux! Quel malheur! Ma vie est foutue!

— Ce n'est pas si grave, dit Bimbo. Je connais quelqu'un qui va régler le problème, car il a déjà soigné ton grand-père et bien d'autres éléphants.

— Mais, j'ai peur! dit Rita d'une voix anxieuse. Ça va faire mal! J'ai entendu dire que madame Dentelle utilisait toutes sortes de techniques pour réparer les défenses et que c'était parfois très désagréable!

Alors, son père Jumbo la motiva en lui disant que ce moment lui occasionnerait peut-être un peu de douleur passagère mais que ce serait vite oublié. Il lui suggéra de penser à des moments agréables de sa vie et de les imaginer, pendant toute la durée du traitement. Il lui proposa aussi de prendre de grandes respirations. Cela l'aiderait à oublier la petite douleur. Rita décida de faire confiance à son père, mais elle demeurait toujours inquiète.

Sans plus attendre, Jumbo, d'un grand cri, réclama la présence de la grande magicienne, madame Dentelle. Arrivant à toute vitesse d'une liane à l'autre, madame Dentelle examina la situation, discuta avec Rita et répara la défense brisée avec sa baguette magique. Rita fut très surprise de voir qu'elle n'avait presque rien senti au moment de la réparation de sa défense. Il faut dire qu'elle avait utilisé le truc proposé par son papa. Sa peur s'était donc vite estompée. Elle était très contente d'avoir relevé ce défi.

[On pourrait, ici, prendre un temps d'arrêt pour imaginer ou faire imaginer la fin de cette histoire.]

Ensuite, la magicienne fit promettre à Rita d'entretenir ses défenses tous les jours et d'y porter une attention particulière. Elle devrait aussi faire vérifier leur état d'une façon régulière. Et madame Dentelle ajouta, avant de disparaître:

— Ce n'est que l'effort répété et l'entretien préventif qui t'amèneront au même rang que ton grand-père et, ainsi, à être fière de toi et de ta personne.

Question suggérée :
Quel fut, d'après vous, le comportement qu'adopta Rita Bimbo par la suite, pour atteindre ses buts?

L'affaire est cacahouète

Sujets traités :
Dépendance face à une substance (drogue, alcool, médicament, cigarette, etc.).
Non-acceptation de sa condition (obésité, anorexie, boulimie, etc.).

Situations désirées :
Se donner le courage et la force d'affronter certaines situations difficiles de la vie.
Prendre conscience que nous avons le pouvoir de changer.
Favoriser le support de groupes d'entraide.
Se montrer aux autres tel que l'on est.
Développer la solidarité.
Cesser la consommation de substances euphorisantes.

Voici l'histoire d'un éléphant nommé Célestin. Le but ultime de sa vie était de manger des cacahouètes. Célestin avait l'impression que plus il en mangeait, plus il était satisfait.

Toutefois, Célestin se trouvait plutôt disgracieux lorsqu'il se voyait à travers le reflet d'un étang bien calme. Parfois il n'arrivait même plus à circuler dans les sentiers où il déambulait habituellement. À plusieurs reprises, il avait essayé de cesser toutes ces dégustations de cacahouètes, mais c'était peine perdue.

Même les potions magiques préparées par le sorcier Boutchou n'avaient pas réussi à lui enlever l'appétit. Bien sûr, au début, tout semblait fonctionner, mais aussitôt qu'un événement spécial se passait dans sa vie, il retournait à ses vieilles habitudes. Ainsi, lorsqu'il avait une déception amoureuse ou qu'il s'ennuyait ou lorsqu'il était malheureux, il s'empiffrait de cacahouètes pour se consoler. De même qu'il célébrait les bonnes nouvelles en bouffant des cacahouètes. Le grand Tarzan lui avait même dit un jour qu'il mangeait ses émotions, mais comme c'était un langage qu'il ne connaissait pas, il n'y avait rien compris.

Souvent, Célestin faisait rire tous les animaux autour de lui par ses plaisanteries et ses pirouettes inimaginables. Tous le trouvaient bien drôle et chanceux d'être aussi heureux. Mais, au fond de son cœur, Célestin était bien triste. Il se cachait derrière son personnage comique. De plus, avec son cœur d'or, il était toujours prêt à rendre service. Mais ce n'était que pour mieux cacher sa solitude.

Un beau jour, alors que Célestin dégustait un tonneau de cacahouètes, sa trompe se boucha soudainement. «Quel malheur! Je ne pourrai jamais déboucher ma trompe!» se dit-il. Découragé, malheureux et à bout de force, Célestin roula sur le côté et n'arriva même plus à se relever.

Un de ses amis, le voyant si malheureux dans cette fâcheuse position, s'arrêta pour lui parler. L'éléphant à la trompe bouchée avait à peine la force de réagir. La détresse de Célestin bouleversa son ami qui mobilisa tout le troupeau pour lui venir en aide.

D'un commun accord, la majorité des éléphants décidèrent d'unir leurs trompes pour secouer vivement Célestin et retirer les cacahouètes qui l'obstruaient. Ce geste d'amitié et d'entraide libéra Célestin. Suite à cette démonstration de solidarité, Célestin décida de se reprendre en main en se montrant aux autres tel qu'il était. Aujourd'hui, heureusement pour lui, l'affaire est cacahouète!

Questions suggérées :
Auriez-vous d'autres conseils à donner à Célestin? Qu'a fait Célestin pour se reprendre en main?

Mini-Mush et le grand Schtroump

Sujets traités :
Adolescent qui veut se faire intégrer dans un groupe ou une bande (se sent rejeté).
Dépendance face à une substance (drogue, cigarette, médicament, etc.).

Situations désirées :
Aider une personne, dépendante d'une substance euphorique ou d'un produit anabolisant, à se reprendre en main.
Encourager un individu dépendant à faire une démarche pour s'aider et se faire aider.
Grandir à travers la souffrance.

Jadis, au pays des bleuets, vivait une colonie de Schtroumps où régnait un roi qui se nommait Grand-Schtroump. Le rêve de certains de ces petits habitants était de faire partie de l'équipe des gardes du corps personnel du Grand-Schtroump.

Un tout petit Schtroump, nommé Mini-Mush, ne vivait que pour réaliser ce désir. Tous les jours, il faisait beaucoup d'exercices et de culturisme pour devenir musclé, grand et fort. Mais rien n'y faisait. Il ne lui restait qu'une solution : entrer en contact avec Diablo le maléfique, réputé pour ses préparations quasi miraculeuses. Il hésita longtemps avant d'aller consulter Diablo, mais il ne trouvait pas d'autres alternatives.

Un soir de pleine lune, il se rendit donc chez le maléfique. En deux temps, trois mouvements, Diablo lui prépara une potion magique faite de plantes et d'autres substances dont lui seul avait le secret. Mini-

Mush l'avala d'un trait et il se sentit déjà intérieurement très fort, très grand et invincible. Il devait prendre cette potion pendant un certain temps tout en continuant ses exercices pour obtenir l'effet espéré.

Après quelque temps, Mini-Mush crut bon d'augmenter la dose pour devenir encore plus grand et plus fort. Mais, bientôt, il se mit à faire des cauchemars, à perdre ses amis parce qu'il était devenu irritable et agressif. Comme il avait changé, le petit Mini-Mush!

Le Grand-Schtroump, qui eut vent de cette histoire, le convoqua bientôt et lui demanda :

— Mini-Mush, que se passe-t-il? Pourquoi ce changement si rapide?

Mini-Mush lui fit part de son idéal et il lui fit le récit de son aventure avec Diablo le maléfique. Le Grand-Schtroump lui expliqua alors que l'important n'était pas l'aspect extérieur d'une personne, mais bien davantage son courage, son honnêteté et sa détermination. Il lui proposa de rencontrer Merlin le magicien, afin qu'il l'aide à se reprendre en main, à se passer des potions dangereuses de Diablo.

Ce ne fut pas facile au début, mais Mini-Mush, grâce à son courage et à sa détermination, finit par se débarrasser de ses mauvaises habitudes pour devenir, quelque temps plus tard, le nouveau grand Mini-Mush.

Question suggérée :

Que pensez-vous qu'il advint de notre ami Mini-Mush par la suite?

Vingt mille lieues sous les mers

Sujets traités :
Fuite devant les problèmes de la vie.
Dépendance face à une substance euphorisante (drogue, alcool, cigarette, médicament, etc.).
Mal dans sa peau.

Situations désirées :
Aider une personne à se prendre en main et à connaître ses limites.
Apprendre à se faire confiance.
Actualiser son potentiel.
Demander de l'aide en cas de besoin.
Parvenir à une meilleure estime de soi.

Il était une fois un tout petit poème né d'un père «écrivain» et d'une mère «plume». Son père lui avait donné le pouvoir des mots, et sa mère, la beauté de l'encre de Chine. Tout le monde autour de lui l'appelait Petit-Poème.

Pourtant, couché sur son parchemin, Petit-Poème était bien triste, car il n'arrivait plus à écrire tous les vers que les gens attendaient de lui. Petit-Poème ne réalisait pas toutes les richesses qu'il avait en lui et il était peu conscient de cette puissance. Un jour, découragé, ne sachant plus quoi faire, il griffonna ces quelques mots : «Au secours! Au secours!... Je pars pour toujours...» Puis, il s'enroula sur lui-même et il s'enferma dans une bouteille.

Du pont le plus près de chez lui, il se jeta à l'eau par une belle journée de printemps. Il avait choisi l'évasion...

À travers le verre, la vie lui apparaissait sous un

jour nouveau, inconnu. Il se sentait en sécurité dans cet habitacle et sa vie entière tournait maintenant autour de sa bouteille.

Avec le courant, il s'en fut rejoindre d'autres bouteilles qui s'entrechoquaient mutuellement et il se lia d'amitié avec l'une, puis avec l'autre, mais peu à peu, ses amis le laissèrent tomber pour prendre d'autres directions.

C'est ainsi qu'un jour il se retrouva seul en pleine mer, voguant au gré des vents, des vagues et des tempêtes. Il était maintenant isolé et de plus en plus malheureux.

L'euphorie du début avait fait place à la tristesse, l'inquiétude et la grisaille. Comble de malheur, le bouchon n'étant pas fermé hermétiquement, quelques gouttes d'eau commencèrent timidement à s'infiltrer dans sa bouteille.

Le flacon se remplit graduellement, entraînant notre Petit-Poème vers les profondeurs de la mer. Puis, un jour, il toucha le fond, là où la noirceur fait partie du quotidien. L'angoisse et la peur s'emparèrent de lui. Finalement, il se dit que tout serait bientôt terminé et qu'on n'entendrait plus parler de lui.

Heureusement, la sirène Étincelle-de-Nuit vint un jour près de là. Intriguée par les mots qu'elle lisait à travers la bouteille, notre amie décida de l'ouvrir. De peine et de misère, elle réussit à enlever le bouchon pour y découvrir son contenu qui grelottait de froid. Prenant délicatement le parchemin, elle nagea vers la lumière et, après un dialogue très animé, dont vous pouvez imaginer le sujet, Étincelle-de-Nuit ramena Petit-Poème à bon port.

Petit-Poème eut besoin d'aide pour se reprendre en main, mais on le revit bientôt enjoué et heureux de jongler avec les mots, de les faire chanter et danser.

Question suggérée :

Pourriez-vous imaginer le dialogue qu'il y eut entre Étincelle-de-Nuit et Petit-Poème?

Le vrai secret de la planète des singes

Sujets traités :
Volonté de mettre fin à une souffrance intense par un moyen radical (tentative de suicide ou autres).
Culpabilité de l'entourage en situation de fugue ou de fuite face aux difficultés de la vie.

Situations désirées :
Montrer que le suicide n'est pas une solution au mal de vivre.
Apprendre à affronter les différentes crises de la vie.
Déculpabiliser l'entourage lorsque survient ce drame.

On raconte que c'est sur la planète Kakaos que vivaient les singes les plus intelligents qu'on ait connus. Ils étaient particulièrement agiles et ils possédaient un don d'imitation et de bouffonnerie unique. Raciko, fils du grand roi de la planète, y vivait depuis toujours avec sa famille, mais il se sentait très mal à l'aise sur cette planète, sans intérêt pour lui.

Même s'il possédait de grandes qualités que seuls les autres percevaient chez lui, il se sentait plutôt rejeté, autant à l'école, où il devait apprendre toutes sortes de singeries, que dans sa famille. Entre un roi très autoritaire et une mère désorganisée, il se sentait incompris et n'avait pas l'impression d'être écouté. Il fut confié à différentes gouvernantes, mais partout où il passait, il avait l'impression de semer la pagaille! Tous les moyens qu'il prenait pour entrer en communication avec les gens et se faire des amis s'avéraient des échecs et il ne se sentait aimé de personne.

Il se percevait donc comme nul et inutile. Un vrai

zéro! Il avait même fait la sourde oreille à l'aide qu'on lui avait proposée à la suite de différents actes de vandalisme et de violence. Il se sentait encore plus coupable. Quoi qu'il en soit, il se trouvait maintenant isolé et devenait irritable et agressif avec les autres.

Les acrobaties étaient la seule activité qu'il aimait et il y consacrait une bonne partie de son temps. Pourtant personne ne semblait s'y intéresser.

Dans la forêt, il avait découvert une sorte de pollen magique qui lui faisait oublier quelques instants ses problèmes. Il en consomma d'une façon régulière et ne pouvait maintenant plus s'en passer.

Pour en finir avec ses souffrances, il ne voyait qu'une solution : c'était la chute dans le tunnel sans fond du Volcan Sacré, endroit où on exécutait les singes qui avaient commis des actes criminels.

Une nuit de pleine lune, il prit le chemin du Volcan Sacré pour en finir une fois pour toutes. Mais le hasard voulut qu'il soit emprisonné dans un piège posé par des chasseurs d'une tribu voisine. Il fut amené et ligoté sur le poteau du centre du village et il réalisa qu'il était prisonnier de la tribu la plus cruelle de toute la planète. La peur alors s'empara de lui.

Au château, cependant, on s'inquiétait de la disparition de Raciko, et les recherches s'étaient organisées. Plusieurs se sentaient coupables de cette disparition. Le roi pensait qu'il aurait dû s'occuper davantage de son fils, et les gens de son entourage se disaient qu'ils n'avaient pas fourni beaucoup d'efforts pour que Raciko se sente accepté et aimé.

Tout à coup, Raciko crut entendre au loin l'appel de détresse que seul son père était capable de reproduire et qu'il avait oublié depuis longtemps. Cela lui redonna du courage... Lui qui se pensait seul au monde, il réalisa que toute sa tribu était à sa recherche! Il ne voulait plus disparaître, il voulait vivre! Mais le temps passait vite. De ses doigts habiles, il réussit discrètement à se défaire d'une partie de ses liens. Soudain, il sentit la présence de son père derrière lui. L'attaque surprise des siens contre la tribu ennemie ne dura que quelques secondes. Et Raciko put enfin être libéré.

De retour au château, son père organisa une grande fête en son honneur. Raciko n'en croyait pas ses yeux, lui qui, se sentant rejeté par tous, pensait que personne ne l'aimait. Était-ce lui qui se percevait de cette façon? Comme cet événement l'avait rapproché de son père, il en profita pour en discuter avec lui. Le roi lui dit toute l'admiration qu'il avait pour ses acrobaties inimitables et il lui confia qu'un jour, c'est lui qui le remplacerait sur le trône! Raciko n'en croyait pas ses oreilles. C'est alors que son père lui raconta que, pour devenir un grand souverain, il fallait passer par toutes sortes d'épreuves et de difficultés. Bien sûr, il aurait besoin d'un certain temps pour se reprendre en main. Il devrait vivre chaque jour vingt-quatre heures à la fois et travailler les défis les uns à la suite des autres. Il devrait cesser la consommation de pollen magique, mais le roi savait que Raciko aurait la force et le courage nécessaires. Au début, la souffrance serait encore présente, mais elle s'atténuerait graduellement, et on le soutiendrait dans sa démarche. Finalement, c'est lui, le futur roi, qui devrait faire les efforts essentiels.

Ce fut difficile ; il y eut des moments de découragement et de rechute, mais bientôt on vit Raciko se faire de nouveaux amis, côtoyer sa famille plus souvent et vraiment percevoir la vie plus positivement.

Question suggérée :
Quels conseils auriez-vous pu donner à Raciko dans une telle situation?

Grand-Blé

Sujet traité :
Hésitation et difficulté à faire part d'une mauvaise nouvelle à un être cher (personne atteinte de cancer, sida, hépatite B, infection grave, grossesse à l'adolescence, etc.).

Situation désirée :
Chercher appui auprès de personnes de confiance dans une situation dramatique.

Il y avait, dans un grenier de la ville, un grain de blé esseulé. Malgré lui, il avait quitté, au bec d'un gai serin, les champs qui l'avaient vu grandir. Grand-Blé, contrairement à ses frères et sœurs, ne se transformerait jamais en farine mêlée à de la levure.

Dans ce grenier, il avait été bien heureux, partageant sa vie avec un autre grand blé blond, un peu particulier comme lui. Grand-Blé, radieux, satisfait et comblé, avait, avec confiance, présenté son compagnon de vie à ses proches. Il les savait prêts à l'accueillir. Grand-Blé avait le droit de s'épanouir à sa façon...

Un jour, moins beau cependant, un autre petit serin s'était posé sur le bord de la lucarne du grenier et s'était envolé, emmenant l'ami de Grand-Blé. Notre ami était abattu. Les jours semblaient gris, Grand-Blé était maussade, il ressentait la fatigue et l'humidité du grenier. Il avait le cœur lourd, assez pour consulter un spécialiste.

Le docteur Agro-alimentaire lui dit alors qu'une anarchie virulente avait envahi son épi. Cette nouvelle lui fit l'effet d'une meule. Oui, il se sentait moulu... Le soutien familial lui aurait été d'un grand secours. Il avait besoin de se sentir entouré, mais il avait peur de la réaction de maman Graminée. Il ne voulait pas lui faire de la peine et lui communiquer son désarroi.

Par un petit matin ensoleillé, Vent-Doux lui souffla :

— Prends appui chez tes sœurs. Elles sont tendres comme le bon pain, elles vont t'aider.

Grand-Blé se laissa porter par Vent-Doux et en glissa mot à sa sœur Miche, en qui il avait toute confiance pour être son écho.

[On pourrait, ici, prendre un temps d'arrêt pour imaginer ou faire imaginer la fin de cette histoire.]

Bientôt, toute la famille de Grand-Blé mit son grain à la pâte, et maman Graminée apprit la nouvelle, si difficile fût-elle. Même «Papi» et «Mamie» en furent informés et voulurent apporter leur appui afin de traverser la lourde épreuve. À présent, plus que jamais, ils forment une famille unie et forte comme le blé, prête à se supporter et à affronter le grand vent si un jour il se réveille...

Question suggérée :
Quelle autre suggestion pourriez-vous donner à Grand-Blé afin de l'aider à passer à travers cette épreuve?

Lili et son chien Simutaire

Sujet traité :
Personne atteinte d'une maladie grave ou pernicieuse (sida, cancer, anémie, etc.).

Situation désirée :
Aider l'individu à produire des anticorps et à renforcer son système pour mieux lutter contre la maladie.

Il était une fois une petite fille qui vivait seule avec ses parents à la campagne. Comme le père devait s'absenter souvent, il décida d'acheter un chien pour garder la maison et pour chasser les petits animaux qui voulaient s'infiltrer dans la ferme.

Lili était très heureuse, car elle avait peur de se promener seule dans les champs et les bosquets. Elle se disait : «Quand j'aurai mon chien de garde, aucune bête ne pourra m'attaquer. Mon chien saura me défendre.» Elle avait bien hâte d'accueillir son nouveau gardien. On sait que les petites bêtes des champs ne sont pas méchantes, mais, parfois, quand elles ont peur, elles peuvent se montrer agressives.

On racontait par ailleurs qu'un nouvel animal avait fait son apparition dans la région. On l'appelait le «Rusvi». Et semblait-il qu'il pouvait être très, très dangereux! Une bonne raison de plus d'avoir un chien.

Ce soir-là, Lili attendait avec impatience le retour de son père, qui arriva bientôt en tenant au bout d'une corde un chien magnifique. Son nom était «Simutaire». Le père n'avait pas pu obtenir la signification de ce nom ni même savoir qui le lui avait donné.

Lili, un peu craintive au début, s'attacha vite à

l'animal qui, après quelques jours, l'adopta comme sa maîtresse. Lili avait toujours hâte de revenir à la maison après l'école pour jouer avec son chien.

Les parents étaient aussi très heureux de voir que Lili n'était plus seule. Le père était content, car Simutaire démontrait ses talents de chasseur de vermines. Il avait déjà attrapé deux gros rats qui perçaient les sacs de blé la nuit. De plus, Simutaire était entraîné spécialement pour éloigner les Rusvis, qui, sournois, attaquaient les personnes, particulièrement les enfants, sans raison apparente.

Avant de partir pour l'école, Lili avait pris l'habitude de déposer sa poupée favorite, Paméla, sur son lit. Un jour que sa mère travaillait dans la cuisine, elle entendit des grognements dans la chambre de Lili. Elle courut vite voir ce qui se passait. À son grand désespoir, elle vit Simutaire qui tenait la poupée Paméla et qui la mordait à belles dents. Elle parvint à arracher la poupée du féroce Simutaire, mais le tort était fait : le chien avait endommagé la jambe droite et avait enfoncé ses crocs dans le ventre de la pauvre Paméla.

Pouvez-vous imaginer la peine et le désarroi de Lili à son retour de l'école quand elle vit sa pauvre Paméla dans un si piteux état. Elle chicana sévèrement Simutaire qui ne comprenait pas ce qui lui arrivait. Il croyait que la poupée Paméla était un autre petit animal qu'il devait chasser.

Ce soir-là, quand le père arriva et que la maman lui eut raconté le méfait de Simutaire, il en fut tout consterné et attristé. Il dit :

— Je crois qu'il faudra se débarrasser de ce chien!

Lili, qui ne voulait pas se séparer de Simutaire, se mit à pleurer. Les parents acceptèrent finalement de le garder pour lui donner encore une chance et pour le faire soigner. À partir de ce moment, Lili dut enfermer sa poupée dans l'armoire à cause de son Simutaire, le mangeur de poupées.

Le lendemain, la maman de Lili apporta la poupée chez le marchand de jouets. Grâce à une matière de résine qu'il injecta dans les trous, il put réparer la jambe droite et le ventre de Paméla. Il ne put toutefois la remettre complètement à neuf. Paméla dut rester marquée par de légères cicatrices à la jambe et au ventre.

Le père de Lili, de son côté, amena le chien chez le vétérinaire. Ce dernier fouilla dans ses gros livres, mais ne put découvrir d'où venaient la haine et la violence de Simutaire pour les poupées. Peut-être était-il jaloux des poupées? Peut-être les prenait-il pour des méchants Rusvis? Qui sait? Nul ne pouvait répondre à la question.

Déçu, le père de Lili décida presque de retourner Simutaire à son ancien propriétaire.

Ce soir-là, Lili pleura abondamment, car elle aimait Simutaire. Elle fit alors une prière à Dieu, demandant son secours afin de trouver un moyen de garder Simutaire. Au matin, à son réveil, sa prière était exaucée. Elle comprit ce qu'elle devait faire. Elle décida de familiariser Simutaire avec sa poupée Paméla. De les rapprocher, en quelque sorte, d'en faire des amis. Elle savait que c'était possible, car elle-même avait apprivoisé un écureuil qui mangeait maintenant dans sa main.

Cette journée-là, au retour de l'école, au lieu de sortir jouer avec Simutaire autour de la ferme, elle prit sa belle poupée et alla s'asseoir dans la cuisine près de Simutaire. Celui-ci se mit à grogner, puis japper, puis à montrer ses crocs menaçants. Lili, d'une voix ferme, lui dit :

— Simutaire, tranquille! Calme-toi, Simutaire! Tout doux, mon Simutaire!

Le chien se coucha en jetant un œil mauvais à Paméla. Lili s'approcha de nouveau du chien qui se leva et se mit à grogner. Lili répéta :

— Simutaire, tranquille! Calme-toi, Simutaire! Tout doux, mon Simutaire!

Le chien se recoucha avec des yeux inquiets. Pour la troisième fois, Lili voulut approcher Paméla de l'animal. Encore une fois, il se mit à grogner entre ses dents. Lili lui redit :

— Simutaire, tranquille! Calme-toi, Simutaire! Tout doux, mon Simutaire!

Lili comprit que la séance d'entraînement avait assez duré pour le moment. Elle se mit à bercer sa poupée Paméla en chantant :

— J'ai un chien qui a peur des poupées! Espérons que demain, il sera calmé!

Simutaire, sans trop comprendre, commençait à s'apaiser et à se détendre.

Tous les soirs, Lili continuait à habituer Simutaire à la présence de Paméla. Elle lui répétait :

— Simutaire, tranquille! Calme-toi, Simutaire! Tout doux, mon Simutaire!

Un jour, Simutaire put tolérer la présence de Paméla, au point qu'il se laissa même toucher par elle. Il était encore très nerveux, alors Lili lui chanta :

— J'ai un chien qui a peur des poupées! Espérons que demain, il sera calmé!

Lili répéta souvent la phrase et la chanson. Après quelques semaines de persévérance, Simutaire finit par se laisser flatter par la poupée Paméla sans gronder. Après un mois, il accepta que les petits doigts de Paméla lui grattent le ventre pendant que Lili lui fredonnait sa chanson.

Lili poussa l'audace jusqu'à faire tenir un biscuit dans la main de Paméla.

— Simutaire, tranquille! disait Lili. Calme-toi, Simutaire! Tout doux, mon Simutaire!

Après quelques hésitations, le chien prit le biscuit avec le bout de ses dents. C'était pour Lili une grande victoire! Elle avait la preuve que Simutaire comprenait que Paméla n'était pas dangereuse, qu'elle était son amie. Ses parents n'en croyaient pas leurs yeux!

Lili voulut soumettre Simutaire à une dernière épreuve. Ce matin-là, elle laissa Paméla sur son lit. À l'école, elle fut distraite toute la journée, pensant à ce qui pouvait arriver à sa poupée préférée.

Au retour, elle se précipita dans sa chambre et elle vit Simutaire couché tout près du lit. Il était devenu le gardien et le défenseur de Paméla.

Question suggérée :

D'après vous, comment se déroulèrent par la suite les relations entre Paméla et Simutaire?

Coco le raton laveur

Sujets traités :
Difficulté à faire des choix de vie ou de carrière ou encore à quitter le giron familial.
Hésitation et insécurité face à un engagement ou à une décision.

Situations désirées :
Apprendre à faire des choix judicieux en fonction de soi.
Favoriser la prise en charge et l'autonomie.
Construire à partir de soi.

Il était une fois un raton laveur que tous appelaient familièrement Coco. Il vivait avec sa famille et ses amis dans une forêt de feuillus magnifiques et de conifères gigantesques, remplie d'animaux de toutes sortes.

Cette forêt aux multiples sentiers, il la connaissait dans ses moindre recoins et il s'y sentait parfaitement heureux.

Un jour, en s'y promenant, il entendit soudain des crépitements et sentit la fumée lui monter au nez. L'inquiétude et la peur surgirent en lui et, à toute vitesse, il courut chercher du secours. Tout le monde essaya bien d'éteindre le brasier, mais en vain. Le territoire au complet fut détruit. La déception et la tristesse se lisaient sur le visage de chacun.

— Nous allons devoir nous séparer et choisir différents secteurs pour nous reconstituer un nouveau territoire, affirmèrent ses parents. C'est une question de survie et vous êtes assez vieux maintenant pour cheminer seuls.

Coco se retrouva donc errant et sans abri.

Il eut l'idée d'aller voir le garde-forestier avec qui, jadis, il passait des heures à discuter et lui exposa son problème. L'homme lui dit qu'il connaissait plusieurs forêts non loin d'ici. Il y en avait avec des arbres fruitiers et des ruisseaux, d'autres avec des montagnes aux pics extraordinaires, d'autres encore avec des prairies et des rivières sans fin et même certaines avec des neiges éternelles.

Coco remercia le garde-forestier et partit en sautillant, rempli de joie, pour en informer sa famille.

Puis, il se mit à réfléchir. Dans quelle forêt allait-il s'établir? Il était bien embêté. Les forêts avaient toutes leurs avantages et leurs inconvénients. C'était la première fois qu'il devait prendre une telle décision. Il se demandait quoi faire et aurait bien aimé que ses parents choisissent pour lui. Il aurait même préféré demeurer encore un peu avec eux. Mais ils lui répondirent que c'était devenu sa responsabilité.

Il erra nonchalamment quelque temps dans la vallée. Puis, un jour, il entendit le vent lui chuchoter à l'oreille d'être attentif à ses goûts et à ses intérêts.

[On pourrait, ici, prendre un temps d'arrêt pour imaginer ou faire imaginer la fin de cette histoire.]

Cette intervention le remplit d'espoir. Il se mit à s'écouter et, avec l'aide du garde-chasse qui le guidait dans sa démarche, il réussit enfin à sélectionner le territoire idéal en fonction des critères qu'il s'était établis.

Alors, il prit le chemin de sa nouvelle demeure, où il s'installa confortablement, et entreprit de se faire de nouveaux amis. Il était prêt, maintenant, à s'épanouir complètement.

Question suggérée :
Quel territoire pensez-vous que Coco choisit pour s'établir et en fonction de quels critères?

Madame Envie et cousine Alaise

Sujets traités :
Insatisfaction des gens face à ce qu'ils possèdent.
Vision toujours plus verte de l'herbe chez le voisin.

Situation désirée :
Apprendre à apprécier ce que l'on a.

Il était une fois, dans les prairies du Désir, une jolie madame mulot, qui n'appréciait guère le confort de sa petite demeure.

— Je pense, déclara madame Envie en tricotant des moufles en prévision de la saison froide, qu'il faudrait nous trouver une nouvelle maison pour l'hiver.

— Pour quoi faire? Celle-ci n'est-elle pas suffisante? déclara son mari, monsieur Satisfait.

— Nous en avons une, bien sûr, mais ce n'est pas une vraie maison! riposta madame Envie. Tu te souviens de cousine Alaise? Son logis est dans un joli sous-sol bien chaud, parfaitement éclairé, très sécuritaire et fort luxueux... Un vrai petit palais! Nous serions confortables et douillets, dans un domicile semblable.

Monsieur Satisfait soupira. L'idée de quitter les pièces de son terrier qu'il avait aménagées lui déplaisait. Mais, que ne ferait-il pas pour sa conjointe adorée?

— Avant de faire le grand saut, pourrions-nous rendre visite à ta chère cousine? s'empressa-t-il de proposer.

Son épouse, charmée par la bonne intention de son mari, se dépêcha de boucler les valises. Enfin prêts, ils se dirigèrent gaiement vers le gîte supposément merveilleux de la cousine.

À mi-chemin, ils aperçurent au loin la famille Alaise en pleurs, avec leur baluchon sur l'épaule. Madame Envie donna ses sacs à son mari et s'empressa d'aller à leur rencontre.

— Mais, que se passe-t-il donc? demanda-t-elle en serrant sa cousine chaleureusement.

— Imagine-toi donc que nos propriétaires ont décidé de chérir un gros minet et de le traiter comme un roi! Nous sommes devenus la proie de cet être indésirable. Toujours sur le guet, la vie est devenue insupportable. Inquiets et craintifs, les enfants ne ferment plus l'œil de la nuit. Nous n'avons pas eu d'autres choix que de plier bagages. L'hiver se fait proche et nous nous retrouvons sans abri.

La détresse et les pleurs de cousine Alaise touchèrent profondément madame Envie. Monsieur Satisfait leur proposa alors un marché :

— Venez demeurer dans notre modeste refuge pendant quelque temps, dit-il. Et, ensemble, nous creuserons pour vous un nouveau trou, près du nôtre.

Séduite par la gentillesse de la proposition de monsieur Satisfait, la famille Alaise accepta sur-le-champ.

[On pourrait, ici, prendre un temps d'arrêt pour imaginer ou faire imaginer la fin de cette histoire.]

Pendant quelque temps, tous dormirent blottis l'un contre l'autre, en sécurité, malgré le manque de confort habituel.

Un soir, préoccupée par ses pensées, madame Envie alla rejoindre, sous le ciel étoilé, son époux si aimable et si vaillant. Elle lui confia qu'elle venait de prendre conscience de tout le bonheur et de tout le bien-être que lui apportait son gîte sous le grand chêne.

Question suggérée :
Quelle fut, d'après vous, la réaction de monsieur Satisfait devant la déclaration de madame Envie?

La maison hantée

Sujets traités :
Personne qui porte un jugement trop rapide sur une situation ou qui panique pour un rien.
Individu qui se fie aux apparences ou qui refuse de voir la réalité.

Situations désirées :
Aller au fond des choses (information) avant de se faire une opinion juste d'une personne ou d'une situation quelle qu'elle soit.
Réaliser que, souvent, les apparences sont trompeuses.

En plein cœur d'une grande ville vivait une petite famille. Le père, la mère et les enfants rêvaient depuis fort longtemps d'aller vivre à la campagne. Ils y allaient souvent l'été et, chaque fois, ils appréciaient le calme et succombaient aux charmes de la nature. De retour dans leur maison de ville, ils rêvaient au jour où, tous ensemble, ils pourraient s'installer sur le bord d'un beau petit lac ou d'une jolie rivière.

Mais les maisons sont difficiles à acheter à la campagne. Personne ne veut vendre, chacun est jaloux de son coin de paradis.

Un beau jour cependant, alors qu'ils circulaient sur une petite route qui longeait une rivière, ils firent la découverte d'une coquette maison, tout éclatante avec ses jolis pignons dressés vers le ciel et ses fenêtres entourées de gracieux volets de couleur assortie. Elle semblait les attendre depuis des années. Autour, c'était le calme. Seuls le chant des oiseaux et le murmure de la rivière, où l'eau se bousculait parmi les cailloux, venaient briser le silence de cette nature apaisante.

Trouver le propriétaire, passer chez le banquier,

courir chez le notaire ne furent l'affaire que de quelques jours. Enfin, ils avaient la maison de leurs rêves!

Mais comment avaient-ils pu payer si peu pour une si coquette maison? Peu importe... L'ancien propriétaire avait dû faire erreur... Les nouveaux propriétaires étaient ravis! Demain, ce serait le grand jour... Jour du déménagement!

Tandis qu'ils emménageaient, de jeunes gamins passaient en se moquant :

— Cette maison est hantée... Cette maison est hantée...

Cette phrase sema la panique chez les enfants qui coururent partager leur inquiétude avec leurs parents. Quelques courtes phrases pour les sécuriser... Vite au travail... Il y a tant à faire! De toute façon, les maisons hantées, ça n'existe pas, ce sont des affaires de cinéma.

Le camion partit, le calme revint. La première soirée à la campagne, puis la nuit... Au lit tout le monde... On en a tous besoin. Mais, à peine les lumières éteintes, voilà que de drôles de bruits emplirent la maison. Ça venait de partout... Tantôt petits, tantôt plus faibles, tantôt rapides, tantôt lents, mais de plus en plus inquiétants! Des bruits, des craquements, des fantômes... Oui, cette maison était hantée! Gagnés par la panique et la peur, les enfants s'étaient réfugiés dans le lit des parents et, sans trop réfléchir, tous se retrouvèrent bientôt dans l'auto, quittant la maison en toute hâte pour aller se réfugier on ne sait où! Demain, on la vendrait, cette maison hantée, à perte s'il le fallait... Sans même y retourner!

Mais qui voudrait de cette maison?

«Belle maison à vendre, prix réduit, cause : départ rapide et obligatoire.»

— On verra bien! s'étaient dit les parents.

Quelques jours plus tard, la maison était vendue... avec tous les meubles... «La bonne affaire!» pensaient les vendeurs... «La bonne affaire!» se dirent les acheteurs. Tous étaient satisfaits.

Mais, à leur première nuit, les nouveaux propriétaires furent réveillés par de drôles de bruits au grenier. Les enfants accoururent dans la chambre des parents... L'inquiétude grandissait. Prenant leur courage à deux mains, munis d'une lampe de poche, ils montèrent au grenier avec toutes les précautions qu'exige pareille aventure. Au premier balayage de la lumière, ils constatèrent que le grenier abritait quantité de souris et de rats. Quel bonheur pour les nouveaux propriétaires de savoir que demain, tout serait réglé par un exterminateur, qui viendrait éliminer ces petites bestioles qui se prenaient pour des fantômes!

Question suggérée :

Que pensez-vous de l'attitude des derniers acheteurs?

Léa se tourmente avant la tourmente

Sujets traités :
Préjugés défavorables et idées préconçues face à une personne.
Anxiété d'anticipation.
Perception erronée d'une situation.
Jugement de valeur.
Panique sans raison.

Situations désirées :
Apprendre à forger sa propre opinion et à demeurer calme devant une situation ou une personne inconnue.
Se méfier des qu'en-dira-t-on.
Accepter l'aide de quelqu'un en cas de besoin.

Léa, cette petite oie blanche fragile et farouche, redoutait d'entreprendre la grande migration annuelle vers le Sud. Elle savait qu'elle serait sous la direction de Grand Duc, redoutable chef de file, et elle avait entendu dire qu'avec lui le périple serait long et difficile. Elle avait aussi appris, par d'autres oies qui ne le connaissaient pas plus qu'elle d'ailleurs, qu'il était sévère, inflexible et intransigeant.

Anxieuse, elle en avait parlé à son groupe et avait même semé l'inquiétude chez ses compagnes et compagnons.

La veille du grand départ, pleine d'angoisse, elle n'avait presque pas fermé l'œil de la nuit.

Dès le début, les jeunes oies se laissèrent guider par leur chef, qui leur donnait des conseils d'usage sur le vol en formation afin d'économiser leur énergie. Mais Léa, craignant beaucoup l'effort et désirant garder ses distances avec Grand Duc, restait derrière la formation.

Bientôt une tempête s'éleva, et les bourrasques de vent se déchaînèrent, si bien que Léa s'éloigna de plus en plus de son groupe. Elle n'arrivait plus à suivre le voilier et devait déployer beaucoup d'énergie pour le rattraper. C'est alors que Grand Duc, le redouté, vint se placer près d'elle pour lui donner quelques petits trucs et l'aider à regagner le groupe. Léa accepta son soutien et se rapprocha bientôt des autres oies. Plusieurs fois, par la suite, Grand Duc la supporta dans différentes circonstances.

Pendant le voyage et plus tard, Léa réalisa donc qu'elle devait combiner ses efforts à ceux du groupe pour arriver à bon port. Et comme elle s'appliquait beaucoup à observer les consignes, Grand Duc était heureux de l'aider.

Au cours du voyage, elle apprit à connaître et à apprécier davantage ce chef qui, au début, lui faisait si peur. Lorsqu'elle toucha terre à la fin du périple, elle était très fière d'elle et du courage dont elle avait dû faire preuve pour parvenir à destination.

Elle se promit que, désormais, elle fournirait tous les efforts nécessaires et cela, dès le commencement du prochain voyage. Elle franchirait le parcourt avec bonheur, détente et de façon sécuritaire. De plus, elle était maintenant persuadée qu'il fallait être prudente dans ses jugements envers les autres et qu'il ne fallait jamais se fier aux qu'en-dira-t-on.[75]

Question suggérée :

Et vous, qu'auriez-vous eu à dire de plus à Léa dans cette situation?

Le paradis du jardinier

Sujet traité :
Personne perfectionniste qui se donne des défis trop élevés.

Situations désirées :
Encourager un individu à «lâcher prise» au bon moment.
Faire baisser la pression qu'une personne s'impose.
Apprendre à être un peu moins exigeant envers soi-même.

Dans une jolie campagne vivait un jardinier qui décida un jour de se consacrer uniquement à son jardin entouré d'arbres fruitiers multicolores et parsemé de nombreuses plantes odoriférantes. Le bijou de la propriété, c'était cette magnifique fontaine centrale d'où jaillissait une eau limpide et vivifiante.

Notre ami consacrait tout son temps à son jardin. Il suivait des cours en horticulture, écoutait des reportages sur le sujet, étudiait et lisait des heures et des heures afin de se perfectionner davantage.

Il se levait très tôt et ne s'accordait aucun repos. Il surveillait constamment ses fleurs, leur donnait des vitamines, les arrosait copieusement, installait des tuteurs et les protégeait du soleil. Tant et si bien qu'un jour il sentit ses forces diminuer graduellement et il devint malade.

Au cours de cette maladie, il était très malheureux de ne plus pouvoir s'occuper de son jardin, qui dépérissait à vue d'œil. Les habitants du jardin firent alors appel à la fée des fleurs, la suppliant de les aider à survivre.

La fée eut l'idée de visiter le jardinier dans son sommeil. Elle le félicita d'abord pour sa vaillance et sa détermination à vouloir donner le meilleur de lui-même et pour l'attention qu'il apportait à tout ce qu'il entreprenait. Elle lui fit par contre comprendre qu'à se donner de telles contraintes et à mettre tant d'efforts pour être parfait, il s'était épuisé jusqu'à se rendre malade.

Dans sa boule de cristal, elle lui fit voir ce qu'il deviendrait et quel aspect aurait son jardin s'il ne modifiait pas son comportement. Ensuite, elle lui montra son petit paradis s'il choisissait de s'ouvrir davantage aux autres et aux différents aspects de la vie tout en étant moins exigeant envers lui-même. Il se vit heureux et détendu, faisant confiance à la vie, au soleil, à la nature et contemplant ses fleurs qui s'épanouissaient à leur rythme. Il avait le temps d'inviter ses amis, de sortir et de se détendre. Il resplendissait de santé.

[On pourrait, ici, prendre un temps d'arrêt pour imaginer ou faire imaginer la fin de cette histoire.]

Lorsqu'il se réveilla, notre jardinier résolut d'être à l'écoute de son rêve et de transformer sa perception de la vie. De jour en jour, sa vie quotidienne se modifia et, bientôt, il atteignit un juste équilibre entre toutes ses activités. Il se sentit très épanoui et particulièrement fier de lui.

Question suggérée :
Quel(s) geste(s), d'après vous, dut faire le jardinier pour parvenir à cet équilibre?

Miéline et Feu-Follet

Sujets traités :
Épuisement personnel et professionnel.
Besoin de liberté.
Fugue de certains jeunes.
Peur de l'inconnu.

Situations désirées :
Aider quelqu'un à se reprendre en main.
Montrer que la fuite d'une situation n'est pas une solution.
Apprendre à apprivoiser ses peurs.
Se méfier des solutions faciles.
Accepter de se laisser guider par un intervenant dans les périodes difficiles de sa vie.

Miéline était une petite abeille vivant avec la reine-mère dans une immense ruche entourée d'épinettes noires et d'orties blanches. Tous les matins, elle devait se lever très tôt pour accomplir les tâches de la vie quotidienne.

Un jour, elle se sentit rapidement lasse de butiner çà et là et d'être au service de la reine-mère. Au moment où le travail battait son plein, Miéline se surprit à songer à un monde meilleur. Dans les jours qui suivirent, la reine-mère observa chez sa fille une grande tristesse ainsi qu'un désintéressement pour toute la colonie entière. Miéline accomplissait son travail en marmonnant et passait tout son temps libre à s'isoler. La reine-mère, craignant le pire, donna l'ordre à tous ses sujets de surveiller étroitement ses allées et venues. Cependant, la petite abeille était très rusée. Elle profita donc du fait que toute la colonie était à la fête du miel, afin de déguerpir de la ruche familiale.

L'enchantement que Miéline vécut dans ses premières heures de liberté fut sublime. Tout un monde de fleurs s'offrit à elle, et jamais le chant du pinson n'avait été si beau. Tout ce que Miéline voyait, ressentait et goûtait l'enveloppait de bonheur.

Inconsciente du danger qui la guettait, elle s'était même posée un jour sur un champignon magique, qui lui avait donné un cadeau stupéfiant : elle n'avait qu'à sentir ce merveilleux petit cadeau pour oublier tous ses problèmes.

Dans cet enthousiasme débordant, Miéline ne s'était nullement aperçue que la nuit était venue. Soudain, d'énormes yeux firent leur apparition dans les buissons, et le chant du hibou se fit de plus en plus inquiétant et menaçant. Elle évita de justesse la chauve-souris, avec son puissant sonar qui cherchait une proie facile à se mettre sous la dent. Et, comble de malheur, le vent se souleva, et le ciel se déchaîna, amenant avec lui Miéline dans un monde inconnu.

Pendant ce temps, c'était la panique à la ruche... Tout le monde était malade d'inquiétude depuis le départ subit de Miéline. N'en pouvant plus, la reine-mère rassembla toutes ses ouvrières pour leur donner l'ordre de retrouver sa fille à tout prix.

De son côté, Miéline luttait pour sa survie. Ah! Ce que la cire et le miel lui manquaient! Quoi faire pour regagner la ruche? Des larmes se mirent à jaillir et à perler sous ses ailes translucides. Au plus profond de sa tristesse, Miéline leva les yeux vers le ciel et aperçut une lueur étrange se déplaçant au-dessus de sa tête. Elle se mit à crier de toutes ses forces afin qu'on lui vienne en aide. Entendant ces cris désespérés, la lueur s'approcha de Miéline. C'était monsieur Feu-Follet, l'ange gardien de la forêt. Après avoir discuté longuement avec Miéline sur les causes de son évasion, monsieur Feu-Follet proposa à Miéline de la guider afin de la ramener à la ruche. Après réflexion, la petite abeille accepta de regagner le domicile familial. Elle se laissa guider par la lueur de monsieur Feu-Follet et, ensemble, ils prirent la direction de la ligne des pins noirs et des orties blanches.

Question suggérée :

Pourriez-vous imaginer l'accueil qui fut réservé à Miéline par la reine-mère et les ajustements que chacune dut faire afin de ramener l'harmonie entre elles?

Rado Ventre-à-Terre

Sujet traité :
Épuisement personnel et professionnel.

Situations désirées :
Prévenir le «burn out».
Prendre conscience qu'on ne peut tout faire à la place des autres.
Réaliser que la perfection est difficile à atteindre.

Autrefois, Rado était le plus laborieux des castors. Pour toutes sortes de raisons, plus ou moins méconnues, tout devait être en ordre chez lui de même qu'à l'extérieur de sa hutte. Aussi, les moindres mouvements de Rada, sa compagne, et de ses petits provoquaient-ils, chez lui, encore et encore une course effrénée pour répondre à leurs besoins. Et passons sous silence qu'au chantier, l'inutile le préoccupait tout autant que l'essentiel.

En fils unique bien-aimé, il veillait, aussi, jalousement au bien-être de ses parents Radon et Radi, de la hutte voisine.

Ainsi donc, Rado se morfondait et se négligeait beaucoup. À ce régime, il devint hargneux, boudeur et mécontent de lui et des autres, jusqu'au jour où il pensa à retourner à sa vraie nature de castor. Mais, comment faire?

Un certain soir, s'étant approché de l'arbre qu'il voulait abattre, il eut soudain l'intuition, après l'avoir mesuré de son regard meurtri, qu'il pouvait, lui aussi, atteindre la grandeur sereine de ce géant. Épuisé, il s'endormit au pied de l'arbre, et il se vit emmener, plus mort que vif, à la hutte de Radu, Castor Primordial.

Par des coups répétés de sa queue, frappant comme tonnerre sur le lac limpide de son habitat, Castor Primordial lui signifia que se mêler, sans vergogne ou à contre-cœur, de toute affaire incertaine crée de l'embarras. Et, tandis qu'il donnait des coups de dents pour abattre un arbre gigantesque, faisant voler le bois en larges et brillants copeaux, Radu invita Rado à réfléchir là-dessus.

À son réveil, Rado se sentit le cœur transformé...

[On pourrait, ici, prendre un temps d'arrêt pour imaginer ou faire imaginer la fin de cette histoire.]

Rado sait désormais satisfaire ses besoins et ceux des autres sans dépasser la mesure. À vrai dire, tout laborieux qu'il soit naturellement, il se sent même parfois un peu désœuvré. Il sait qu'il expérimente maintenant la rançon passagère d'un si long surmenage et que bientôt tout rentrera dans l'ordre.

Question suggérée :
Quel fut, d'après vous, le comportement de Rado par la suite?

Balou le petit nuage pas comme les autres

Sujets traités :
Enfant qui souffre d'énurésie (incontinence urinaire) ou d'encoprésie (incontinence fécale).
Individu qui possède de mauvaises habitudes.

Situations désirées :
Aider l'enfant à contrôler ses sphincters.
Aider les jeunes et les moins jeunes à se débarrasser de mauvaises habitudes.
Aller au bout de ses projets.

Comme vous le savez tous, les nuages ont un rôle très important à jouer dans l'univers.

On dit que pour chaque ville ou village, il y a un certain nombre de nuages qui y sont rattachés. Ils ont pour missions, entre autres, de nous protéger du soleil et de distribuer la pluie selon les besoins.

On raconte que Balou, Neigette et Ouateuse avaient ainsi été désignés pour s'occuper du village de Familio en Italie. C'était un village gai, jovial, animé, où les gens vivaient heureux. Les tempêtes n'atteignaient que très rarement le village de Familio. Une seule ombre, cependant, au tableau : c'était le comportement de Balou.

Alors que Neigette et Ouateuse étaient toujours au bon endroit, au bon moment, et arrosaient le village lorsque c'était le temps, Balou, quant à lui, inondait le village lorsque les gens s'y attendaient le moins. Dès qu'il s'apercevait que les gens ne le regardaient pas, Balou leur servait alors une de ces averses que tous subissaient avec détresse.

Comme les gens en avaient assez du comportement de Balou, ils avaient désigné le sorcier du village afin qu'il consulte le dieu de la pluie. Le dieu utilisa les vents pour défaire Balou de sa mauvaise habitude. Puis les éclairs. Mais rien n'y fit. Même le tonnerre n'arriva pas à faire entendre raison à Balou. Il affirmait que ce n'était pas de sa faute, que c'était plus fort que lui. Il jurait aussi que ça le rendait très triste.

Ce n'est qu'avec l'intervention du Grand Soleil que la situation se modifia. En effet, il expliqua que lui, le Grand Soleil, devait distribuer un nombre minimum d'heures d'ensoleillement sur le village et les alentours. Il avertit Balou que s'il continuait à se comporter de la sorte, s'il continuait à faire pleuvoir plus souvent qu'à son tour, tout le système écologique serait déséquilibré. Il lui rappela qu'il était assez grand maintenant.

— Tu peux apprendre à te contrôler, lui dit le Grand Soleil. Tu peux apprendre à me laisser la place au bon moment.

[On pourrait, ici, prendre un temps d'arrêt pour imaginer ou faire imaginer la fin de cette histoire.]

Bientôt la joie de vivre revint au village de Familio, et Balou s'aperçut que les villageois le regardaient aussi souvent qu'avant, car ils étaient heureux de voir qu'il distribuait de l'ombre et de la pluie au bon moment et qu'il savait laisser la place au soleil quand c'était le temps.

Balou s'apercevait que même l'attitude des arbres, des récoltes, des pelouses, des fleurs et des jardins avait changé à son égard. On le regardait maintenant avec respect. Quant à Neigette et Ouateuse, elles admiraient beaucoup Balou pour les efforts qu'il avait fournis.

On raconte qu'un jour, quelque temps plus tard, le

sorcier se déplaça en personne pour venir le féliciter de ses nouveaux comportements, ce qui rendit Balou encore plus fier de lui.[76]

Question suggérée :
Comment pensez-vous que Balou se sentait maintenant?

Tic-Tac gagne du temps

Sujet traité :
Manque de contrôle de soi.

Situations désirées :
Apprendre à se contrôler et à respecter ses limites.
Prendre conscience de ses forces et de ses faiblesses.
Grandir à travers ses erreurs.

Tic-Tac est un passionné de la course automobile et, en piste, il fait vraiment corps avec son bolide. Aussitôt qu'il la voit d'ailleurs, cette voiture racée, cette voiture de rêve, il commence à s'exciter et à s'énerver. Son cœur bat à un rythme fou : pourra-t-il être à la hauteur de cette fougueuse?

Dès le départ, il la pousse au maximum afin qu'elle soit satisfaite et qu'elle l'admire encore plus. Mais il finit par être tellement rempli de sensations de toutes sortes que, malheureusement, il ne voit pas venir la courbe. Encore une fois, il perd le contrôle et sort de la route avant la fin de la course.

Tic-Tac ne peut plus regarder son automobile en face. Il a honte de lui et il pense même à quitter définitivement sa voiture adorée.

C'est alors qu'il rencontre, au cours de sa méditation quotidienne, le célèbre pilote de course Gilles Villeneuve et lui fait part de ses échecs successifs.

Le grand champion lui propose de se centrer sur lui dès le début de la course, de courir pour lui. Tout en étant à l'écoute de ses sensations, il lui conseille de continuer à respirer calmement et de se dire que tout va merveilleusement bien alors qu'il négocie les courbes, les accélérations et les freinages. Il se doit de développer son contrôle et, pour cela, l'écoute des messages de son corps est essentielle.

Tic-Tac sort de cette méditation rayonnant de joie. À partir de maintenant, il sera, tout au long du parcours, à l'écoute de ses propres sensations et il portera une attention particulière à sa respiration. Tout ce qui comptera pour lui, ce sera de rester en piste, ce qui lui procurera un grand bonheur.

Et c'est ainsi que, de jour en jour, Tic-Tac apprend à maîtriser ses accélérations, ses ralentissements, ses courbes et ses freinages. Désormais, il pourra ainsi terminer chaque étape avec un parfait contrôle de la situation.

On raconte même que, maintenant, lorsqu'il atteint l'arrivée, le moteur de sa gracieuse voiture ronronne de satisfaction!

Question suggérée :
Auriez-vous d'autres conseils à donner à Tic-Tac devant une telle situation?

Kanpin

Sujet traité :
Manque d'équilibre dans les actes de la vie quotidienne (repas, travaux, devoirs, etc.).

Situations désirées :
Montrer l'importance de prendre un bon repas le matin.
Ne pas attendre à la dernière minute pour réaliser ce que l'on a à faire (étude, travaux de toutes sortes, etc.).

Après une longue nuit d'un sommeil très agité, Kanpin se réveille lentement et démarre sa journée d'une patte traînante. Il se regarde dans la glace et y voit un lapin répugnant, le poil tout hérissé, l'œil rouge et l'oreille pendante. Il est en retard, comme à tous les matins d'ailleurs, et il n'a pas le temps de grignoter quoi que ce soit.

Puis, c'est la course effrénée vers l'école des animaux. Sur le chemin, il croise son ami Colpin qui commence à lui parler. Kanpin, lui, n'a pas envie de discuter, et plus son copain lui parle, plus il lui aiguise les nerfs. Exaspéré, il l'envoie finalement promener...

Arrivé en classe, c'est le professeur Newtin qui débute avec la loi de la gravité. Ouf! le mal de tête se pointe. Impossible pour Kanpin d'écouter et encore moins de comprendre. Puis, le cours suivant débute. Aujourd'hui, il y a examen. «Quel examen?» se demande notre ami. C'est vrai, il l'avait complètement oublié. Les sueurs perlent sur le bout de ses moustaches, il se sent étourdi et la panique s'empare de lui.

Vers la fin de l'avant-midi, il a trop faim pour

attendre. Il mange deux chocolats, quelques croustilles et boit un peu de liquide.

Plus tard, Kanpin commence à se sentir mal dans sa peau et à avoir de drôles de malaises. Il ne sait pas trop ce qui lui arrive. Il aperçoit bientôt sa copine Léapin, et il se demande ce qu'elle a à le regarder de cette manière. Aussitôt, il lui dit bêtement :

— Tu n'as jamais vu ça, un lapin!

Devant un tel accueil, Léapin s'enfuit. Kanpin voudrait bien la rattraper, mais il est trop fatigué pour courir. C'est donc le cœur un peu en miettes que notre lapin retrouve assez d'énergie pour retourner en classe et terminer sa journée. Il se rend bien compte que, depuis quelque temps, les autres le fuient peu à peu et qu'il se retrouve souvent seul en classe, seul pour rentrer à la maison et seul chez lui. Bof! «Qu'à cela ne tienne», se dit-il.

Le retour dans sa famille n'est pas plus gai. Il est de mauvaise humeur et critique sans cesse. Malgré tout, il trouve que ça sent bon. Sa mère lui a préparé son plat de carottes favori. Il n'est pas aussitôt à table qu'il dévore littéralement son repas. Sa gueule est pleine à craquer, et il ne prend même pas le temps de mastiquer. Si bien que son estomac, après avoir été tranquille si longtemps, se révolte devant une telle avalanche et refuse d'accomplir son travail.

Voilà donc notre ami Kanpin la tête dans les buissons et le cœur en chamaille.

Épuisé et découragé, il finit par s'assoupir au clair de lune.

Soudain, il ressent comme un léger cognement dans sa tête (toc! toc! toc!) et il se demande bien ce que cela peut être. Puis il entend une petite voix :

— C'est moi, ton estomac. C'est rare que je me plains, mais là, tu exagères. Je veux bien te donner de l'énergie, mais il faut que je sois moi-même en forme. Tu me laisses jeûner pendant des heures et des heures, en me faisant parfois avaler des aliments indigestes et malsains, puis, tout à coup, tu m'agresses en bouffant comme un déchaîné. Comment penses-tu que je doive réagir? À ce rythme, je ne tiendrai pas le coup encore très longtemps. On pourrait pourtant être si bien et si heureux ensemble. Salut! Et pense à ce que je t'ai dit!

En se réveillant en sursaut, Kanpin se demande bien ce qui s'est passé, et il se souvient de la visite de son estomac. Mais il est sceptique...

[On pourrait, ici, prendre un temps d'arrêt pour imaginer ou faire imaginer la fin de l'histoire.]

Quoi qu'il en soit, il a saisi l'importance d'être bien avec lui-même pour entretenir de bonnes relations avec les autres. Il décide donc de changer des choses...

Le lendemain, Kanpin se lève un peu plus tôt afin de prendre le temps de manger. En sortant de chez lui, il remarque qu'il fait beau et que c'est le printemps. Il retrouve son ami Colpin avec le sourire, et ils peuvent enfin s'expliquer et bavarder.

En arrivant à l'école, il aperçoit, de loin, sa copine Léapin, et aujourd'hui il a de la force pour bondir la rejoindre et faire la paix...

Il se rend compte que les autres le regardent d'un autre œil, mais ce qui est plus important, il réalise qu'il se sent mieux... et en meilleure forme...[77]

Question suggérée :
Quel fut, d'après vous, le comportement de Kanpin par la suite?

Bienvenue au musée du Louvre

Sujet traité :
Manque d'ordre et de propreté.

Situations désirées :
Apprendre à ramasser ses choses.
Se fixer des objectifs clairs.

Cette histoire se déroule au musée du Louvre. Quelques semaines avant l'ouverture de l'exposition internationale, la grande responsable, Madame Béatrice, avise Louise de mettre de l'ordre dans le Pavillon de Flore où, exceptionnellement cette année, les tableaux de Picasso devront être mis en valeur.

Lors de l'inauguration officielle, Madame Béatrice constate que la salle du célèbre peintre Picasso n'est à peu près pas visitée.

À la fin de la journée, elle va donc vérifier sur place la raison d'une telle indifférence de la part du public. Quelle n'est pas sa surprise de trouver la pièce dans un désordre indescriptible.

Rouge de colère, elle se dirige vers Louise et lui demande des explications concernant ce fouillis. Louise rouspète et lui dit que, pour elle, c'est convenable. Elle aime la façon dont elle a disposé les tableaux. Comme Madame Béatrice ne veut rien entendre, Louise s'enfuit, en pleurant, vers la salle des peintres italiens, et s'assied finalement dans un fauteuil, juste en face du tableau de la Joconde, sa toile préférée.

Elle se demande alors ce qui fait qu'elle se sente si

bien à cet endroit et qu'elle aime tant se retrouver dans cette section du musée. Jetant un regard autour d'elle, Louise y remarque l'ordre, la propreté, l'élégance de la disposition des œuvres, l'agencement des décors, la subtilité des éclairages, la mise en valeur des statues, etc. Elle réalise alors le bien-fondé des exigences de Madame Béatrice.

[On pourrait, ici, prendre un temps d'arrêt et imaginer ou faire imaginer la fin de cette histoire.]

Louise décide alors de retourner voir Madame Béatrice pour s'excuser. Elle lui demande de l'aide afin de réinstaller les tableaux du grand Picasso et d'organiser convenablement la salle d'exposition.

— Je sens que je manque un peu d'expérience, avoue-t-elle.

C'est avec plaisir que Madame Béatrice consent à la soutenir et à lui donner de précieux conseils.

On raconte que, dans les jours suivants, il y eut affluence de visiteurs dans le Pavillon de Flore et que c'est avec fierté que Louise les y accueillait.

Question suggérée :
Comment pensez-vous que la carrière de Louise s'est déroulée, par la suite?

Le chagrin d'Argile

Sujets traités :
Déception et culpabilité à la suite d'une peine d'amour.
Abandon scolaire.

Situations désirées :
Surmonter un grand chagrin et grandir à travers lui.
Continuer de vivre malgré une perte importante.
Apprendre à relever des défis.

Un jour, dans les égouts d'un petit village, vivait heureux un rat nommé Argile et une chauve-souris pas comme les autres qui s'appelait Frivolie. Leur union était parfaite et tous les deux s'aimaient éperdument.

Malgré tout, Frivolie eut bientôt le regard vide et son appétit diminua peu à peu. Argile, son petit rat d'amour, s'inquiétait beaucoup.

— Es-tu malade? lui demanda-t-il à quelques reprises.

Mais Frivolie ne répondait pas. Comme Argile redoutait le pire, il n'insista pas. Les jours passèrent et, redoublant de gentillesse et d'attention pour Frivolie, Argile ne vit pas le gros nuage noir au-dessus de leur amour.

Un matin, Argile, le petit rat, se réveilla et s'aperçut que Frivolie, la chauve-souris pas comme les autres, était bel et bien partie. Elle avait quitté les égouts pour voler près du soleil.

À partir de ce moment, Argile se sentit abandonné,

laid, inutile, et il ne comprenait pas pourquoi Frivolie était partie. Il ne mangeait plus, ne se lavait plus, ne se peignait plus et pleurait sans cesse. Il devint un rat dégoûtant. Il voulait disparaître de cette terre.

Au bout d'un moment, Argile, amaigri, réalisa que Frivolie ne reviendrait plus et qu'avec une allure aussi squelettique, aucun animal n'aurait le goût de l'approcher. Il décida alors de se reprendre en main et de s'accrocher à la vie.

Au début, Argile croyait que Frivolie était partie à cause de lui, parce qu'il avait fait quelque chose de mal. Il se souvenait qu'elle n'était pas vraiment heureuse et il se rappela qu'elle avait toujours manifesté le goût de voyager.

Argile s'ennuyait de leurs promenades du dimanche, mais, maintenant, il pouvait se permettre de s'arrêter et de fouiller dans quelques poubelles, chose que Frivolie détestait le voir faire. Argile entreprit alors de soigner son apparence et de manger davantage afin de redevenir le mignon petit rat qu'il était.

Quelque temps après, un matin, alors qu'il pointait son museau dans sa poubelle préférée, il tomba nez à nez avec une rate qu'il trouva bien élégante. D'abord très mécontent de ne plus être seul, il décida malgré tout de s'approcher. La rate s'avança à son tour et se présenta :

— Salut! Je m'appelle Stabelle et toi?

Depuis ce jour, Argile est très heureux, car il a rencontré quelqu'un qui lui ressemble davantage, avec qui il se sent plein d'affinités et qui, surtout, adore fouiller les poubelles avec lui.

Bien que Frivolie soit partie, la vie continue pour lui. Frivolie est toujours dans son cœur, mais l'amitié de Stabelle comble pour le moment le vide qu'elle a laissé. Il profite de cette période un peu plus calme pour apprendre à se connaître, à se réserver des moments de solitude et à réfléchir sur ce qu'il veut vraiment.

Parfois, il se souvient des bons moments passés avec Frivolie, cette chauve-souris pas comme les autres, cette chauve-souris qui est allée voler près du soleil.

Question suggérée :
Pourriez-vous inventer une fin à cette histoire?

La fourmi et le tracteur

Sujet traité :
Désorientation suite à un événement significatif.

Situations désirées :
Se réorganiser à la suite d'une tragédie (deuil, abandon, déménagement, inondation, tremblement de terre, etc.).
Se réorienter à la suite d'une perte d'emploi.

Un jour, Fifine la fourmi relaxait et se reposait tout doucement en admirant son château qu'elle avait construit avec tant d'efforts. Elle se disait que, maintenant, il ne lui restait plus qu'à profiter d'un tel labeur.

Soudain, elle entendit au loin comme un bruit sourd mais ne s'en inquiéta pas outre mesure. Cependant, le grondement s'amplifiait en faisant vibrer le sol, si bien que, sans crier gare, un tourbillon infernal s'abattit avant que Fifine n'ait le temps de se préparer en conséquence. En un rien de temps, un immense tracteur avait détruit son château, ne laissant derrière lui que de gigantesques crevasses.

«Voici le fruit de toute une vie englouti en débris», se dit-elle en regardant le gâchis.

Sans perdre de temps, Fifine se mit donc à la recherche d'une solution. Mais, malgré son acharnement et son ardeur au travail, elle se découragea peu à peu et finit par s'épuiser au pied de l'immense montagne d'embûches qui se dressait devant elle.

Somnolant sous le grand tournesol, sa copine la libellule vint bientôt la rafraîchir de ses ailes et lui souffla à l'oreille :

— Ma chère Fifine, avec toutes les connaissances que tu as acquises et toutes les expériences que tu as accumulées, tu es capable de construire un nouveau château encore plus beau que celui qui fut détruit, mais, surtout, répondant à tes nouveaux besoins. Peut-être pourrais-tu le construire dans un endroit plus calme où il ne risquerait pas d'être écrasé de nouveau. Pense aussi aux récentes technologies, aux nouveaux amis et aux différents défis... Tu es une fourmi remplie de ressources inépuisables. Le succès t'attend!

Quelque temps plus tard, les amis de Fifine se réjouirent de sa merveilleuse réussite et allèrent même lui demander la recette de son succès.

Question suggérée :
Quelle fut, d'après vous, la recette du succès de Fifine?

Nobel le béluga à la dérive

Sujets traités :
Stress et anxiété à la suite d'une catastrophe,
d'une perte importante ou d'un événement tragique.
Peur de perdre le contrôle de soi ou de sombrer dans une dépression, une déprime ou un burn-out.
Peur de l'inconnu.

Situations désirées :
Grandir à travers les épreuves (perte, deuil, abandon, souffrance).
Réussir à vivre le mieux possible les conséquences d'une catastrophe.
Apprendre à vaincre ses peurs.
Accroître sa capacité d'adaptation et de contrôle de soi (panique, stress, anxiété, angoisse, etc.).

Je vais vous raconter l'histoire de Nobel, le béluga blanc du Saint-Laurent.

Au cours des années, Nobel avait acquis une grande expérience pour traverser sans difficulté les différents courants marins et affronter habilement les grands vents. Il était renommé pour son adresse à contrôler ses plongeons et à valser sur les vagues. Nobel avait de nombreux amis qui, avec sa famille, l'admiraient grandement.

Un jour, cependant, malgré sa grande clairvoyance et sa fine intelligence, il fut piégé dans les filets d'un pêcheur anonyme. Il réussit, grâce à ses connaissances et à son ingéniosité, à se sortir de cette impasse mais, aussitôt dégagé, il fut harponné par des pêcheurs de haute mer. Là, ce fut plus difficile. Il dut user de toute sa sagesse afin de se délivrer du crochet marin.

Affaibli par cette épreuve, il se laissa couler entre

deux eaux afin de récupérer un peu de son énergie. Mais sa blessure le faisait beaucoup souffrir. Il avait peine à retenir ses larmes. C'est comme s'il avait perdu une partie de lui-même. Son cerveau continuait de fonctionner très lucidement, mais il avait peur de perdre le contrôle.

Lorsqu'il côtoyait d'autres poissons, il laissait paraître que tout allait pour le mieux. Or, au fond de lui, il ressentait un grand vide, et une certaine angoisse avait rempli ce trou béant.

Il avait peur de ne plus refaire surface, croyant plutôt sombrer dans les abîmes de cette mer sans fond.

Heureusement, Rosy la baleine bleue sillonnait les parages, et c'est avec plaisir qu'elle rejoignit Nobel afin de l'aider à émerger de ces eaux troubles. D'abord elle appliqua un baume magique sur la plaie de Nobel. Puis notre ami, en discutant avec Rosy, réalisa qu'il fallait un certain temps à sa blessure afin qu'elle se cicatrise. Il prit conscience que sa panique était disproportionnée. Il avait déjà traversé dans sa vie bien d'autres souffrances! Celles qui l'accablaient aujourd'hui n'étaient ni pires ni plus cruelles. Par contre, Rosy était d'avis que Nobel devait prendre un temps pour se ménager un peu et recouvrer son énergie perdue. Mais il devait aussi faire des efforts pour se reprendre en main.

Nobel comprit qu'il possédait des ressources extraordinaires et que, dans un cas comme celui-ci, le temps, la persévérance, le courage et l'optimisme étaient de mise afin de sortir de cette épreuve encore plus fort qu'auparavant.

Il y eut des jours plus sombres...

Il y eut des journées plus gaies...

Mais, quelque temps plus tard, on revit Nobel le béluga blanc sillonner de nouveau fièrement les eaux du majestueux Saint-Laurent.

Question suggérée :
Comment pensez-vous que Nobel s'est comporté par la suite?

Rigolo le clown

Sujet traité :
Perte de contrôle suite à une crise d'angoisse ou à une attaque de panique.

Situations désirées :
Apprendre à vivre avec une maladie
(agoraphobie, épilepsie, asthme, cancer, sida, etc.).
Développer un système personnel afin de se contrôler lors de ces crises.
Utiliser la technique de visualisation afin de se calmer et se relaxer.

Rigolo était un clown très drôle et très spécial qui faisait partie de l'équipe du Cirque du Soleil. Dès le début, il fut emballé par cette grande course autour du monde.

Pendant un certain temps, tout alla bien. Rigolo était très heureux de faire rire les petits comme les grands.

Le drame éclata un jour qu'il faisait une prestation à Moscou. C'est au beau milieu du spectacle qu'il s'effondra et se retrouva dans sa loge, le cœur en chamade, les mains tremblantes et le corps baigné de sueurs. Il voyait tout noir dans sa tête, il respirait avec difficulté et avait même envie de vomir. Il percevait les gens autour de lui d'une façon étrange et embrouillée. Une sensation de bourdonnement lui résonnait dans la tête. C'était comme s'il faisait partie d'un autre monde. Il était tellement malade qu'il pensait mourir. C'était d'ailleurs sa plus grande peur. On l'amena donc à l'urgence et, après les examens d'usage, on le déclara en très grande forme physique. Rigolo n'y comprenait rien.

Il faut dire ici qu'il avait vécu les mêmes malaises après le spectacle d'Istanbul. Mettant cela sur le compte de la fatigue, il ne s'en était donc pas préoccupé outre mesure et tout était rentré dans l'ordre dès le lendemain.

Cette fois-ci, Rigolo était inquiet et se sentait angoissé par la situation. Il se sentait mal et il ne voulait vraiment plus retourner sur scène, de peur que la même chose ne se reproduise.

Il décida donc de consulter le vieux clown Patof, afin de lui faire part de ses craintes et de ses peurs.

Après la narration de son histoire, le vieux clown éclata d'un rire retentissant et lui dit que c'était courant chez les clowns d'avoir ce qu'on appelle des attaques mécaniques.

Rigolo le regarda avec des yeux sceptiques et interrogateurs, car il ne comprenait pas ce langage.

— Que veux-tu dire par là? lui demanda-t-il.

— Eh bien! lui répondit Patof. C'est la mécanique interne du clown qui se dérègle, et on ne sait pas vraiment pour quelle raison. Ce phénomène peut se produire à n'importe quel moment, sans prévenir. Par contre, il est certain qu'il peut apparaître plus facilement dans une période de grande fatigue physique ou psychologique.

— Que puis-je y faire? rétorqua notre ami Rigolo.

— Rien! dit Patof. Ou plutôt, si, tu peux faire quelque chose. Tu ne dois pas fuir, tu dois plutôt affronter la situation et continuer malgré ces symptômes désagréables. Je vais te donner cette potion magique. Tu la prendras seulement au moment des crises mécaniques. Cela t'aidera à diminuer la tension, le temps fera le reste puisque tu sais maintenant que c'est sans danger. Par contre, lors de ces attaques, tu pourrais imaginer des moments de ta vie où tu t'es senti particulièrement heureux et tu pourrais prendre de grandes respirations. Tu pourrais aussi utiliser d'autres techniques de visualisation ou de relaxation que tu connais. Cela t'aiderait à faire baisser la pression et à te détendre. Il n'y a rien d'autre à faire que de dialoguer avec toi-même et te dire que les malaises disparaîtront bientôt comme ils sont venus.

[On pourrait, ici, prendre un temps d'arrêt et imaginer ou faire imaginer la fin de cette histoire.]

Rigolo eut d'autres indispositions, mais il apprenait à se calmer et à contrôler de plus en plus la situation.

Aujourd'hui, après toutes les épreuves qu'il a traversées, il est devenu un peu le conseiller et le confident de plusieurs membres de cette grande famille du Cirque du Soleil.

Question suggérée :
Auriez-vous d'autres suggestions à donner à Rigolo pour qu'il apprenne à contrôler ses attaques mécaniques?

Zodiac à la conquête de Gargantua

Sujets traités :
Personne aux prises avec des attaques de panique, des crises d'angoisse ou d'agoraphobie.
Sentiment d'abandon.

Situations désirées :
Aider quelqu'un à affronter diverses situations pénibles.
Amener l'individu à actualiser ses propres ressources intérieures.
Apprendre à la personne à lâcher prise devant une crise de panique.
Utiliser la technique de visualisation afin de se calmer et de relaxer.

Comme à tous les automnes, un banc de poissons avait comme projet de retrouver les eaux chaudes et accueillantes du fleuve Majestik, situé près de l'équateur.

Le matin du départ, le roi poisson regroupa ses sujets pour leur présenter l'itinéraire du voyage et leur rappeler que chacun avait le potentiel et les éléments nécessaires pour entreprendre un si long voyage.

La première partie du périple se déroula comme prévu. Après une halte de quelques minutes pour reprendre son souffle, le groupe repartit de plus belle. Mais, le petit Zodiac, tout ébloui par la richesse des fonds marins, s'écarta bientôt du groupe et se retrouva seul au milieu d'algues magnifiques aux coloris inimaginables.

Isolé et inquiet, Zodiac aperçut soudain le petit dauphin Arion qui dormait paisiblement sur un matelas d'algues mouvantes. Zodiac, d'un coup de nageoire, rejoignit le petit dauphin et risqua le tout pour le tout : il osa le réveiller pour lui demander sa route. Le petit dauphin l'accueillit en souriant et lui indiqua la route à suivre afin de retrouver les siens.

Zodiac remercia le cétacé et repartit aussitôt vers la direction indiquée. Mais devant lui se dressa bientôt la gigantesque chute Gargantua. Paralysé par la peur et désemparé, ne voyant que du noir, Zodiac en fut malade. Il ne savait plus quoi faire! Il tourna en rond quelques instants, puis, affolé, il revint en arrière pour retrouver la présence rassurante des algues et du petit dauphin, à qui il confia son malheur. Arion lui dit qu'il devait d'abord prendre quelques grandes respirations pour se relaxer et qu'il pouvait prendre quelques minutes pour imaginer un moment de sa vie où il s'était déjà senti heureux et très calme. Zodiac s'immobilisa un instant et, après avoir suivi les conseils du petit dauphin, il se sentit déjà mieux.

Arion lui rappela alors qu'il avait tout pour franchir cet obstacle, puisqu'il avait en sa possession un outil extraordinaire : ses nageoires volantes.

Un peu craintif, mais déterminé à retrouver les siens, Zodiac se fit confiance, déploya ses nageoires volantes et s'élança au-dessus de la chute, amerrissant bientôt dans les eaux apaisantes du fleuve Majestik. Plus tard, ses amis l'accueillirent avec fierté et le félicitèrent pour son courage et sa détermination. C'est alors que Zodiac leur confia la technique qu'Arion lui avait enseignée.

Plusieurs d'entre eux la mirent en pratique avec succès par la suite...

Question suggérée :
Pourriez-vous imaginer la situation qu'a choisie Zodiac, afin de se relaxer avant d'entreprendre le grand saut?

Stratos le sage caméléon

Sujet traité :
Grande difficulté qu'ont certains individus à utiliser une stratégie efficace afin de résoudre un problème.

Situations désirées :
Apprivoiser les stratégies d'intervention et d'apprentissage (approches cognitives).
Favoriser une meilleure organisation personnelle et une meilleure méthode de travail.
Rendre la personne plus autonome et valoriser ses réussites.
Actualiser le potentiel intellectuel de l'individu et lui permettre de maximiser ses ressources en résolution de problème.

Il y a très longtemps, une peuplade avait construit son village au pied d'une butte mystérieuse, au sommet de laquelle on ne retrouvait qu'une hutte rustique et un pommier plusieurs fois millénaire.

À cet endroit habitait le caméléon Stratos, descendant de plusieurs générations de reptiles préhistoriques. Stratos était reconnu pour ses conseils remplis de sagesse. Son endroit favori pour se reposer était ce pommier gigantesque qui dominait toute la vallée.

Jadis, une coutume du village voulait que lorsque les gens se butaient à une difficulté, ils se rendaient à la hutte de Stratos pour lui demander conseil et, toujours, les villageois recevaient la même réponse :

— Afin de résoudre ton problème, tu devras passer par quatre grandes étapes : Premièrement, tu devras te transformer en *détective*, c'est-à-dire que tu auras à observer la situation et à rassembler tous les indices et les éléments importants concernant ta difficulté. Tu devras bien comprendre les données de base du problème, afin de sélectionner les informations essentielles. Deuxièmement, tu te placeras dans la peau d'un *architecte* pour analyser le problème. Tu devras planifier la façon de le résoudre, en l'illustrant par la suite sur papier à partir d'un graphique, d'un schéma, d'un dessin, etc. Troisièmement, tu te mettras à la place d'un *menuisier* et, ainsi, tu passeras à l'action en mettant en pratique le plan que tu avais établi lorsque tu étais architecte. Tu effectueras les opérations appropriées, afin de mettre en place les solutions envisagées aux deux étapes précédentes. Quatrièmement, tu te métamorphoseras en *arbitre* qui vérifiera une dernière fois toutes les données du problème et jugera si la solution est valable et appropriée. Si oui, bravo! Autrement, tu devras recommencer le processus, et il est certain que tu finiras par trouver la bonne solution.

Un jour, le chef du village, ayant eu un grave conflit avec son fils, l'avait résolu avec ces sages conseils en quatre étapes.

Puis, le percepteur des impôts, dont la comptabilité avait des failles, s'était fait prodiguer les mêmes conseils de la part de Stratos et avait résolu efficacement son problème.

Un couple de villageois, ayant de la difficulté à trouver la clef de l'énigme qui assombrissait son bonheur, s'était vu servir les mêmes recommandations. Depuis lors, l'homme et la femme avaient retrouvé l'amour et l'harmonie.

Même le scribe du patelin, ayant rencontré de grandes difficultés à rédiger certains articles de règlements locaux, dut s'en remettre au caméléon. La démarche de Stratos donna d'heureux résultats.

Presque tous les habitants du village eurent ainsi, un jour ou l'autre, à consulter Stratos. Et tous, lorsqu'ils redescendaient de la butte, avaient le visage épanoui, car ils avaient trouvé leurs propres solutions.

Un jour, cependant, le pommier géant fut frappé par la foudre et Stratos, qui s'y prélassait, périt avec lui. Quel malheur!

Malgré cette disparition, les gens du village continuèrent de se rendre à la hutte de Stratos pour tenter de résoudre leurs problèmes. Ils trouvaient alors leurs solutions en se souvenant des quatre grandes étapes.

Plus tard, par une nuit de tempête, la hutte de Stratos s'écroula, et les gens abandonnèrent l'habitude de s'y rendre. Lorsqu'ils rencontraient une difficulté, ils n'avaient qu'à jeter un coup d'œil au sommet de la butte pour se souvenir de l'efficacité des grandes étapes proposées par Stratos.

Et c'est ainsi que le message de Stratos se transmit de génération en génération... Chaque fois qu'un villageois se heurtait à une difficulté, il se remémorait les quatre grandes étapes de Stratos et les mettait en pratique, toujours avec succès.[78]

Question suggérée :

Pourriez-vous choisir un problème quelconque? Expérimentez par la suite les quatre grandes étapes proposées par Stratos.

Le voyage de Goutte-Bleue

Sujet traité :
Incertitude existentielle et questionnement face à la mort.

Situations désirées :
Aider les gens à cheminer et à accepter la transformation que nous appelons la mort.
Alléger la douleur face à une perte, une disparition, un déménagement, etc.
Susciter un espoir face au grand départ et peut-être y donner un sens différent.
Accepter différents choix de vie.

Elles tombaient une à une et de façon désordonnée, toutes ces gouttes d'eau, lors d'un orage où les éclairs se faisaient voir à des kilomètres à la ronde et où le tonnerre frappait si fort qu'il fallait presque se boucher les oreilles pour protéger ses tympans.

Goutte-Bleue et plusieurs de ses amies se regroupèrent en touchant terre et dévalèrent ensemble la montagne en s'amusant gaiement et en se taquinant entre elles. C'est ainsi qu'elles atteignirent bientôt un ruisseau et se joignirent à toutes ces gouttes réunies pour cheminer vers de nouveaux horizons. Plus loin, un embranchement les fit dévier dans une rivière au cours rapide et puissant. Là, elles s'amusèrent follement en dévalant des cascades et en dégringolant des chutes d'une hauteur inimaginable. Elles se dispersaient parfois en allant se frapper rudement sur des rochers pointus ou sur des troncs d'arbres traînant çà et là sur le cours d'eau. Mais, plus loin, elles finissaient par se retrouver et elles continuaient le parcours ensemble. Elles avaient commencé à remarquer que certaines d'entre elles, plus fatiguées, s'arrêtaient pour se reposer sur des rochers et que, sous les chauds rayons du soleil, elles disparaissaient d'une façon mystérieuse. Elles se transformaient soudain en une fine vapeur et s'élevaient délicatement vers le ciel.

Au début, elles n'y prêtaient pas beaucoup attention, mais comme le phénomène se reproduisait de plus en plus souvent à mesure qu'elles atteignaient les lacs de la vallée, elles commencèrent à se demander ce qu'il advenait de leurs amies qui, ainsi, montaient étrangement vers le ciel et devenaient invisibles à leurs yeux.

Elles se promirent alors que si l'une d'entre elles disparaissait de cette façon, elle reviendrait dire aux autres ce qui se passait là-haut.

Un jour de soleil torride, Goutte-Bleue, fatiguée, se reposait sur le bord d'un lac, endormie douillettement sur un sable chaud. Elle réalisa soudain que, bientôt, ce serait la fin pour elle. Goutte-Bleue se sentit irrésistiblement attirée vers la voûte céleste, transformée en une bruine volatile qui flotta gentiment vers le firmament. Elle voyait bien ses amies, en bas, mais elle n'avait pas eu le temps de les saluer avant de s'envoler...

Lorsque ses copines s'aperçurent de sa disparition, il n'y avait plus rien à faire. Étonnées et inquiètes, elles regardèrent ensemble vers le domaine des étoiles, mais ne distinguèrent rien de particulier dans cet espace infini.

Lorsqu'elle arriva là-haut, Goutte-Bleue reconnut plusieurs gouttelettes qu'elle avait côtoyées lors de son séjour sur la terre. Elle s'associa à elles et à bien d'autres pour former un majestueux nuage turquoise, radieux, confortable, moelleux et baignant dans une atmosphère veloutée et soyeuse. Elle voyait ses amies en bas. Elle aurait beaucoup aimé communiquer avec elles pour leur dire ce qui était arrivé, mais... Alors elle comprit que même si ses amies regardaient là-haut, elles n'auraient aucune réaction. Car, ainsi transformée en un nuage si extraordinaire où régnaient la tendresse, la douceur, la paix, l'harmonie, la quiétude et la sérénité, Goutte-Bleue était devenue méconnaissable.

Question suggérée :
Si le nuage pouvait parler, que dirait-il aux autres gouttelettes?

THÉMATIQUE 2

LES ALLÉGORIES, LES AUTRES ET MOI

Ce que je dis et ce que j'entends n'ont rien à voir avec la vérité. Il s'agit de ma propre réalité, créée par moi.

PAUL LIEKENS

Rappelez-vous que ce que vous vous dites crée vos croyances; vos croyances vous mèneront à la prochaine étape de votre voyage sur la voie de l'excellence et de votre nouvelle attitude.

IBRAHIM ELFIKI

Batman et Dimitri

Sujets traités :
Enfant qui bouge beaucoup, qui crie continuellement.
Irrespect des consignes et des règles.
Individu qui agresse les autres.
Problème de leadership.

Situations désirées :
Apprendre à respecter les consignes et les règlements.
Souligner l'importance d'établir des règles de fonctionnement.
Encourager le respect mutuel.
Clarifier les rôles de chacun (leader, etc.).
Favoriser le contrôle de soi (attention, concentration, agressivité, violence, etc.).

Avez-vous déjà entendu parler de Dimitri? C'est un artiste qui vit quelque part dans un pays très coloré.

Un jour, il décida de faire une nouvelle toile. Il dessina avec son pinceau huit petites autos qu'il coloria ensuite : une rouge, une bleue, une verte, une jaune, une rose, une mauve, une brune et une blanche. Il illustra aussi, dans le coin de son tableau, une énorme roche grise. Le peintre admira son œuvre en se disant : «Oh! Je suis fier de moi car mon tableau est très beau!»

Tout à coup, en admirant son tableau, il s'aperçut que les petites voitures se mettaient à bouger dans tous les sens. Étonné et surpris, notre ami décida alors d'entrer dans son dessin pour voir ce qui se passait.

Une fois arrivé à l'intérieur, il fut désolé de voir que les voitures se frappaient entre elles, se cabossaient et klaxonnaient sans arrêt.

— Stop! Ça suffit! dit Dimitri. Pourquoi vous heurtez-vous ainsi?

Les voitures bleue, verte et rose répondirent en même temps :

— C'est la voiture rouge qui a commencé!

Dimitri leur demanda alors :

— Mais, pourquoi faites-vous la même chose?
— On était fâchées parce qu'elle nous faisait mal!

La voiture rouge se défendit en disant :

— Je voulais juste jouer avec les autres autos!

Découragé, Dimitri s'assit sur la grosse roche grise et dit :

— Je ne sais plus quoi vous dire pour que vous fassiez des choses gentilles et que vous ayez du plaisir à jouer sans vous chicaner!

Soudain, la grosse roche se mit à bouger dans un bruit de tonnerre, et les petites autos virent bientôt apparaître une voiture très spéciale : la Batmobile avec Batman à son volant.

Batman sortit et vint leur parler :

— Bonjour, je vous regarde vous brutaliser et vous maltraiter, et ça me rend triste! Si on veut se faire des amis, il faut les respecter, leur faire plaisir et leur demander de jouer gentiment avec nous. S'ils ont le goût de jouer seuls, alors on respecte leur choix, ou on trouve un autre jeu. Vous étiez toutes de très belles voitures quand Dimitri vous a dessinées. Il aimerait bien que vous écoutiez quand il vous dit des choses. Ainsi tout le monde serait heureux et de bonne humeur!

Batman parla ensuite à Dimitri :

— Si tu avais dessiné des chemins pour les autos, avec des limites de vitesse et des signaux d'arrêt, peut-être y aurait-il eu moins de chicane. Les petites voitures auraient eu beaucoup plus de plaisir à circuler! Tu aurais aussi été moins inquiet pour elles. Tu aurais pu aussi prévoir de grands espaces où les voitures se seraient promenées dans tous les sens en se respectant et en établissant leurs propres règlements.

Avant de partir, Batman s'adressa à tout le monde :

— Maintenant, je repars avec ma Batmobile derrière la grosse roche. Pensez à moi et à ce que je vous ai dit. Vous verrez, ça ira très bien. Vous aurez beaucoup de plaisir et vous vous sentirez très fières de vous. Au revoir!

Alors Batman disparut derrière la grosse roche, et les petites autos se mirent à rouler normalement.

Le peintre sortit de son tableau, dessina des chemins avec des panneaux de signalisation et de grands espaces vagues. Il jeta un coup d'œil sur sa nouvelle peinture. «Ça, c'est du bon travail!» se dit-il, content.

Questions suggérées :
Comment, d'après vous, les voitures se sont-elles conduites par la suite? Qu'est-ce que le peintre pouvait ajouter de plus à son paysage?

Mario fait la marionnette

Sujets traités :
Perception négative de l'école ou d'une activité pédagogique.
Difficulté pour certains jeunes d'apprendre à se contrôler (hyperactivité).
Manque de motivation au travail (école ou ailleurs).
Mauvaise habitude de rejeter la faute sur les autres.

Situations désirées :
Montrer l'importance de l'école.
Favoriser l'estime de soi.
Se responsabiliser face aux autres et à une tâche à accomplir.
Apprendre à développer sa concentration.
Prévenir le décrochage.

Depuis qu'il est tout jeune, Mario se passionne pour le football. Il faut dire que son père suivait assidûment ce sport et qu'il n'hésitait pas à amener son fils au stade. Souvent, aussi, il regardait avec lui les différentes joutes de la saison à la télévision. Le plus grand rêve de Mario était de devenir lui-même une étoile de ce grand sport.

Comme il faut commencer par le commencement, Mario, avec l'accord de ses parents, décida un jour de s'inscrire à l'école de football du quartier.

Ses parents l'amenèrent au magasin afin qu'il choisisse un équipement complet et sophistiqué. Rien ne devait être négligé pour leur jeune future étoile!

Les cours débutèrent bientôt. Mais, ô déception! Mario, qui croyait aller à une partie de plaisir, se rendit compte que les règlements étaient sévères et les exercices très exigeants physiquement. Il s'attendait à jouer au ballon alors que tout n'était qu'exercices et efforts (pompes, redressements, gymnastique éreintante, etc.).

Mario, qui désirait avant tout jouer au football, ne comprenait pas le but de tout cet entraînement. Il devint un peu paresseux. Pendant les enseignements, il n'écoutait pas, il faisait du bruit avec sa bouche, il bougeait tout le temps et il faisait des commentaires inappropriés. Il essayait continuellement de distraire les autres et de les faire rire. Il était devenu une vraie marionnette! Pendant les jeux simulés, il poussait ses copains, il leur donnait des coups de pied. Il alla même jusqu'à mordre certains d'entre eux. Et le plus étonnant, c'est qu'il rendait les autres responsables de la situation. C'était toujours eux, à l'entendre, qui avaient commencé les premiers. Tant et si bien qu'on ne voulut plus jouer avec lui, et Mario se retrouva fin seul.

L'entraîneur était déçu de sa participation. Lui qui mettait beaucoup d'espoir en Mario, il ne comprenait pas que sa jeune recrue gaspille autant de talent. Il l'avisa donc que s'il continuait, il lui serait impossible de participer à la joute prévue lors de la visite de son idole, le gardien de but de son équipe favorite. Seuls les joueurs ayant fourni beaucoup d'efforts pourraient tenter de déjouer ce grand gardien et pourraient se faire photographier avec lui.

Ce soir-là, Mario réfléchit beaucoup et décida de se prendre en main et de changer complètement son attitude. Il se leva tôt, s'intéressa davantage aux activités. Il améliora sa concentration et fit des efforts particuliers pour écouter et donner le meilleur de lui-même.

De jour en jour, il progressa. Et plus il s'améliorait, plus il aimait jouer. Sa force physique augmentait, son lancer devenait plus précis. Il épatait certains compagnons et surprenait son entraîneur. Il en ressentait une grande fierté, et cet enthousiasme le poussa même à exercer ses lancers en dehors des heures prévues.

[On pourrait, ici, prendre un temps d'arrêt pour imaginer ou faire imaginer la fin de cette histoire.]

Puis, le grand jour arriva, et son cœur battit très fort lorsqu'il entendit son nom au moment de la sélection. Il réussit même à déjouer son gardien favori et il reçut de ses mains le trophée «CPT» attribué au joueur ayant démontré le plus grand courage, la plus grande persévérance et la plus grande ténacité. Ses yeux brillaient de satisfaction. Son entraîneur et ses parents étaient très fiers de lui.

On l'informa par la suite qu'il serait sélectionné pour faire partie de l'équipe des étoiles.

Mario était très fier de sa participation, et ses yeux brillaient de satisfaction et de bonheur.

Question suggérée :
Qu'auriez-vous dit à Mario pour l'encourager à continuer ses progrès?

Grogny le dinosaure

Sujet traité :
Problématique de certains jeunes qui mordent ou agressent les autres en situation de conflit.

Situations désirées :
Apprendre à se connaître et à se maîtriser.
Trouver d'autres moyens pour canaliser sa colère.
Favoriser la réconciliation avec autrui.

Près d'un lac jouaient régulièrement plusieurs dinosaures à dents plates. Comme nous le savons tous, les dinosaures sont herbivores. Dans le groupe, il y avait Grogny, un jeune dinosaure très enjoué, aimant les jeux de ballon, de cachette, de course, de cailloux, etc. Et il avait beaucoup d'amis qui affectionnaient les mêmes passe-temps que lui.

Un jour, au beau milieu d'un match, le ballon roula vers le lac, et Grogny et un autre copain, surnommé «Rigoli», se précipitèrent pour le récupérer. De justesse, Rigoli l'attrapa. Grogny désirait lui aussi avoir le ballon et essaya de le lui enlever, mais Rigoli tint bon. Alors, très fâché, Grogny mordit son ami à la patte! Rigoli avait mal et pleurait à chaudes larmes. Les autres dinosaures vinrent réconforter Rigoli et dirent à Grogny de quitter le jeu et de se distraire tout seul.

Grogny obéit et s'isola. Il avait une douleur dans la bouche... Il passa sa langue sur ses dents : «Aïe! Ça pique!» se dit-il en constatant avec inquiétude que ses dents devenaient pointues.

Il faut dire ici que ce n'était pas la première fois que les dents de Grogny se transformaient ainsi. À quelques reprises, alors qu'une force intérieure grandissait en lui, il avait déchiré les vêtements de ses copains, sans trop comprendre pourquoi d'ailleurs, et il avait même brisé le fauteuil de son papa, qui avait fait une colère noire!

Un peu plus tard, le jeu de ballon reprit. On accepta Grogny, mais avec hésitation.

Dans le feu de l'action, Grogny convoita encore le ballon qu'un ami avait réussi à attraper. Sa colère gonfla, gonfla et gonfla tellement qu'il mordit encore cet ami!

Grogny se retrouva de nouveau seul, avec le même mal de dents. Et, comme la fois précédente, il constata qu'elles s'effilaient de plus en plus. «Aïe! Aïe! Aïe! Ça va mal! Si ça continue, je vais ressembler à notre ennemi, Tyrano, avec ses dents pointues!» songea-t-il avec détresse.

Une licorne passa par là et l'entendit sangloter. Elle s'approcha de lui et lui demanda la raison de son chagrin.

Grogny lui raconta ses malheurs. Comme elle l'écoutait avec attention, il lui avoua même que cette colère, qui prenait toute la place en lui, lui faisait très peur.

La licorne décida d'aider notre malheureux dinosaure. Elle lui fit un cadeau.

— Je connais une formule magique qui pousse la colère à l'extérieur de soi. Récite après moi: Un, deux, trois, quatre, MES DENTS VONT RESTER PLATES! et, en même temps, tu frappes le sol avec chacune de tes pattes pour marquer le rythme.

Grogny, surpris, imita la licorne et, déjà, il commença à se libérer.

[On pourrait, ici, prendre un temps d'arrêt pour imaginer ou faire imaginer la fin de cette histoire.]

Il se servit de cette formule aussi souvent qu'il en ressentait le besoin. Parfois, il frappait le sol avec ses pattes, d'autres fois, il la récitait dans sa tête et d'autres fois encore, il la chantait.

Depuis ce jour, Grogny redevint le dinosaure enjoué que l'on connaissait.

Ses amis revinrent vers lui et l'acceptèrent de nouveau dans le groupe, puisqu'il avait maintenant appris à se contrôler.

Question suggérée :
Auriez-vous une autre suggestion à faire à Grogny pour qu'il continue ses beaux progrès?

Léo à l'assaut des cros, cros

Sujets traités :
Problématique de l'enfant victime.
Peur d'avoir de la peine ou de vivre des échecs.

Situations désirées :
Favoriser une meilleure estime de soi.
Développer la confiance en soi.
Apprendre à relever des défis et à prendre des risques.
Oser parler de ses peines et de ses peurs.

Dans la grande jungle vivait un petit lion qui s'appelait Léo. Ce petit lion avait une peur extrême des crocodiles du marais. Chaque fois qu'il s'approchait du marais pour se rafraîchir, les crocodiles se moquaient de lui. Ils menaçaient Léo avec leurs grandes dents pointues.

Léo évitait le marais depuis quelque temps, car la dernière fois qu'il s'y était aventuré avec un camouflage, les crocodiles l'avaient découvert rapidement, le traitant de peureux et le menaçant pour ne plus qu'il revienne. D'ailleurs, lorsque le plus gros crocodile lui avait mordu la queue, il s'était sauvé à toutes jambes.

Depuis ce temps, Léo avait honte de lui et il se sentait mal. Il ne parlait plus à ses amis et il avait le cœur lourd. Il n'avait rien raconté, bien sûr, de peur qu'on se moque de lui! Il se disait que les crocodiles étaient les animaux les plus idiots de la jungle!

Un jour, Léo vécut une rencontre extraordinaire. Dans un moment de découragement où il pleurait beaucoup, une de ses larmes se mit à lui parler :

— Léo! Tu es beau, grand et fort! Les crocodiles ont un seul pouvoir sur toi, c'est le pouvoir que tu leur accordes. Regarde-toi, tu es un animal courageux, respectable! Reprends confiance en toi, tu es capable.

La larme merveilleuse se transforma en miroir, et Léo se vit comme un félin courageux. Léo reconnut sa propre image et la fit pénétrer à l'intérieur de lui.

[On pourrait, ici, prendre un temps d'arrêt pour imaginer ou faire imaginer la fin de cette histoire.]

Eh oui! Il devint par la suite un lion confiant et fonceur, qui tenaient bon devant les menaces et qui savait se faire respecter.

Question suggérée :
Comment pensez-vous que Léo s'est comporté avec les crocodiles à la suite de cet événement?

Piknik le maraudeur

Sujets traités :
Mauvaise habitude de certains jeunes de faire des vols mineurs («piquer» des choses).
Escalade de certains comportements négatifs (tricher, par exemple)
Mauvaise manière d'attirer l'attention.

Situations désirées :
Valoriser le respect du bien des autres.
Apprendre à donner au lieu de prendre.
Oser parler de ce qui nous décourage.

Par un beau matin de printemps sur les bords du Saint-Laurent, Harmonie et Galaxie s'affairaient à construire leur nid.

Après des kilomètres de vol, recherchant ce qu'il y avait de mieux pour leurs petits, nos deux oiseaux aperçurent, sur une île isolée, des objets qui brillaient de mille feux. Battant des ailes avec une vigueur sans pareille, ils atteignirent enfin l'île. Harmonie dit à Galaxie :

— Oh! Merveilles! Comme il serait joli de faire notre nid avec d'aussi beaux débris! Je n'ai jamais vu de fil d'or connaître un si beau sort! Nous allons sûrement faire des jaloux. Il y a des lunes que je cherche un tel trésor.

Ils mirent beaucoup de patience et d'amour à fabriquer leur nid.

Pendant tout ce temps, voyant le nid s'embellir de jour en jour, Piknik le goéland était aux aguets.

Il faut dire ici que depuis qu'il était tout petit, Piknik s'était bâti toute une réputation. Dès son plus jeune âge, en effet, il mangeait souvent dans les plats de ses voisins sans vraiment s'en rendre compte. Comme les autres n'aimaient pas beaucoup le goéland à cause de ce qu'il faisait, ils le fuirent graduellement. Ainsi, le malheureux goéland se retrouva de plus en plus isolé de ses camarades sans trop comprendre pourquoi.

Un jour, profitant de l'absence de Galaxie et d'Harmonie, le goéland jaloux s'empara du nid, laissant les petits dans les griffes du vent glacé.

À leur retour, nos deux tourtereaux s'empressèrent de réchauffer leurs enfants qui grelottaient. «Qui a fait ça?» se demandaient-ils, tristes et désemparés. D'une seule envolée, ils se précipitèrent chez le grand Héron Cendré et lui demandèrent son aide.

Le grand Héron convoqua tous les oiseaux de l'entourage et leur lança ce message :

— Qui que tu sois, rends vite le nid à ces petits, et tu trouveras au fond de ton cœur un trésor de bonheur. Chaque jour qui suivra donnera de la légèreté à tes ailes et à ton cœur!

Piknik réalisa alors l'horreur de son geste et, au cours de la nuit, vint redonner aux tourtereaux le nid essentiel à leur survie.

Question suggérée :
Pourriez-vous décrire l'attitude de Piknik à la suite de cet événement?

Faufilou le petit écureuil

Sujet traité :
Jeune qui «pique» des choses aux autres (vols mineurs).

Situations désirées :
Apprendre à respecter la propriété des autres.
Reconnaître que l'honnêteté est une valeur importante dans notre société.

C'était l'automne dans le sous-bois des grands marais. Toute la colonie d'écureuils s'agitait sous la féerie des arbres aux coloris d'or et de feu. Les petits rongeurs couraient à gauche et à droite, montaient et descendaient à toute vitesse leurs petites autoroutes, les bajoues pleines de noisettes, de graines et de fruits séchés. Les provisions d'hiver s'organisaient dans le bonheur et la joie d'être ensemble. Ils se taquinaient et riaient de bon cœur. Le roi des écureuils encourageait son équipe en se promenant, tout souriant.

Tout allait bien jusqu'au jour où il aperçut le petit Faufilou empruntant un chemin inhabituel.

À la tombée de la nuit, il s'en fut vérifier ce qui se passait, pour découvrir, oh! malheur! que Faufilou entassait une quantité anormale de réserve hivernale.

Le lendemain matin, plusieurs écureuils vinrent lui confier que leurs provisions, pourtant accumulées au prix de grands efforts, avaient sérieusement diminué. On travaillait le cœur lourd... L'entrain avait disparu... Personne ne riait... La méfiance s'était installée.

Le roi des écureuils convoqua les parents de Faufilou pour leur exposer le problème. Le papa et la maman avaient également constaté la disparition de quelques réserves et s'en trouvaient fort attristés. Ils résolurent de consulter le sage hibou grisonnant pour lui expliquer la situation. Hibou grisonnant leur fit voir que, sans doute, Faufilou ne réalisait pas toute la peine qu'il causait. Il leur suggéra de convoquer la colonie entière pour tenter de ramener la joie de vivre et l'harmonie.

Le roi des écureuils s'adressa à ses sujets en ces termes :

— Mes amis, je vois bien que le bonheur nous a quittés. Les provisions d'hiver ont baissé chez certains d'entre vous. Tous sont inquiets. Malgré votre travail acharné, votre survie pour l'hiver à venir est menacée. Quelqu'un parmi nous a sûrement le moyen de ramener la bonne entente et la joie de vivre chez nous. À chacun d'y penser et de voir ce qu'il peut faire pour redresser la situation.

Faufilou s'en retourna au boulot très pensif. «Qu'est-ce que je vais faire? Je leur dis ou je retourne le butin!... Non, je ne peux pas leur dire, je suis trop gêné...» La nuit venue, il s'en fut chercher les précieuses provisions pour les remettre à leur place.

Le lendemain matin, au réveil, une grande surprise attendait les écureuils : les réserves étaient revenues...[79]

Questions suggérées :
À ton avis, comment s'est senti Faufilou à la suite de cet événement? D'après toi, penses-tu que les écureuils auraient été fâchés si Faufilou leur avait expliqué son comportement? Si non, comment aurait-il dû leur présenter l'affaire?

Johnny Guitare

Sujets traités :
Problématique vécue autour de la délation et du «rapportage» de certains jeunes.

Situation désirée :
Apprendre à corriger différentes mauvaises habitudes (délation, «rapportage», fabulation, mensonges, etc.).

Combien de jeunes, comme Johnny, sont, depuis fort longtemps, fascinés par ces artistes qui semblent trouver si facile de jouer de la guitare. On dirait que, pour eux, c'est comme une seconde nature.

Aussi, Johnny passait souvent des heures et des heures à écouter et à regarder tel groupe de musique pop, rock, hard rock, heavy métal, country, etc.

Si bien qu'il reçut, un jour, pour sa fête, le cadeau tant convoité : une guitare. Il n'en croyait pas ses yeux et il demeurait là, sans rien dire, à admirer l'instrument de ses rêves.

Naturellement, peu de temps après, il était inscrit à l'école de musique de son quartier. Il répétait beaucoup et il progressait très rapidement. Son professeur et les autres élèves trouvaient qu'il avait énormément de talent.

Cependant, il avait du mal à se faire des amis car, aussitôt qu'il se passait quelque chose pendant les pauses ou au moment des répétitions du groupe, Johnny s'empressait d'aller raconter au professeur tout ce qu'il avait vu ou entendu. Même que, parfois, il en rajoutait un peu et il étirait la vérité. On disait de lui qu'il était un «panier percé».

Lorsqu'un conflit éclatait entre ses compagnons et que certains se bousculaient un peu, il se hâtait, dès son retour en classe de musique, de raconter l'affaire en détail au professeur.

Pas besoin de vous dire qu'il était devenu le mouton noir du groupe et que tous le fuyaient.

Son professeur, qui détestait cette façon de faire, l'avait souvent averti de garder ces incidents pour lui ; mais Johnny disait que c'était plus fort que lui. Il était bien malheureux de la situation, mais il ne savait pas quoi faire pour s'améliorer.

Un jour, on annonça que son groupe de musique favori devait débarquer prochainement en ville. Johnny fit la file pendant six heures pour réussir à se procurer un billet d'entrée. Il était tellement heureux de pouvoir assister à un telle représentation qu'il répétait à la guitare presque jour et nuit.

Lors du spectacle, il avait des fourmis dans les jambes et les doigts. Dès le début de la soirée, les différents systèmes d'éclairage le transportèrent dans un autre monde, et Johnny chanta et dansa jusqu'à en perdre haleine...

Puis il y eut les séances d'autographes. Tout le monde se bousculait autour de l'idole de Johnny qui pensait ne jamais pouvoir l'atteindre. Et au moment où il présenta son bout de papier au grand guitariste, il y eut comme un instant magique. Ce fut comme si le monde s'était arrêté de tourner... L'artiste lui prit la main, admira ses longs doigts effilés et durcis par les nombreuses heures de répétition, et, le regardant droit dans les yeux, il lui dit simplement :

— Avec de tels trésors, tu pourras devenir un roi de la guitare.

Johnny éclata alors en sanglots et raconta en vitesse ses malheurs à son héros.

— Tout se passe là-dedans, mon ami, fit la star qui montrait sa tête avec son doigt. Si tu sais si bien contrôler les mouvements sur ta guitare, tu peux parfaitement maîtriser toutes les autres situations de ta vie. C'est à toi de le faire. Tiens, prends ce «pic» (plectre), et souviens-toi de mes paroles!

Puis, il disparut dans la foule en lui faisant un signe de la main.

Johnny ne dormit presque pas de la nuit. Il jouait une mélodie de temps en temps avec le «pic» de son idole, mais il avait très peur de le briser. Alors il le plaça, bien en vue, au-dessus de son lit et il l'admira. À la fin de la nuit, il avait choisi son nom de scène : il s'appellerait Johnny Guitare.

[On pourrait, ici, prendre un temps d'arrêt pour imaginer ou faire imaginer la fin de cette histoire.]

Au matin, c'est un «nouveau» garçon qui entra dans la classe de musique. Même s'il passa sous silence sa rencontre avec son idole, elle avait donné ses fruits.

Peu à peu, Johnny apprit à se contrôler. Il s'efforça réellement de montrer davantage de discrétion. Et, peu à peu, il regagna l'amitié et l'admiration de ses compagnes et compagnons de classe.

Question suggérée :
Que pensez-vous qu'il arriva à Johnny par la suite?

Zazou le petit nouveau

Sujets traités :
Mensonge et fabulation pour bien paraître devant les autres.
Honte de sa condition.
Difficulté d'accepter ses différences et celles des autres (religion, culture, couleur, poids, etc.).

Situations désirées :
Réaliser que l'honnêteté est toujours mieux récompensée.
Apprendre à s'accepter tel que l'on est.

C'est la rentrée des classes et Zazou vient tout juste d'aménager dans un nouveau quartier. Lors de sa première journée dans sa nouvelle école, il se sent mal à l'aise et timide, car il ne connaît personne. Mais, à la récréation, tous les copains de sa classe se pressent autour de lui pour faire sa connaissance.

Premièrement, Zazou leur parle de sa famille. Il leur affirme que son père est un acteur connu de la télévision, que sa mère est chef de la police et que sa sœur est championne olympique en athlétisme. De plus, Zazou leur dit que sa famille et lui habitent une énorme maison très luxueuse qui vaut plusieurs centaines de milliers de dollars. Il possède également une gigantesque piscine intérieure ainsi qu'une magnifique Porsche rouge. Tous les enfants sont impressionnés par les propos du jeune garçon et s'intéressent davantage à lui. Évidemment, Zazou fait l'envie de tous ses camarades.

Chaque soir cependant, après l'école, Zazou doit faire plusieurs détours pour se rendre dans le quartier des roulottes où il habite maintenant. Or, un soir, ses parents invitent un couple d'amis et leurs enfants pour le souper. Ce sont des gens que les parents de Zazou ont récemment rencontrés au travail.

À leur arrivée, Zazou reconnaît immédiatement Nina Malaka, la commère de sa classe. Malheur! C'est le comble! Zazou rougit, s'enfuit et se réfugie dans sa chambre. Maintenant, Nina ira tout raconter aux autres! C'en est fait de lui! Prétextant un mal de ventre insupportable, Zazou obtient de sa mère la permission de ne pas partager le repas avec les invités.

Évidemment, le lendemain matin, Nina s'empresse de tout raconter aux enfants de la classe. Elle leur indique que Zazou habite une maison mobile et que sa famille possède une voiture sur laquelle il est inscrit : «Pizza du Fin Gourmet». Ensuite, elle leur apprend que c'est la mère de Zazou qui fait la pizza et que c'est son père qui la livre. Finalement, il n'a même pas de sœur!

Naturellement, lorsque le jeune garçon arrive à l'école, plus personne ne lui adresse la parole. Et lorsqu'on le fait, c'est pour se moquer de lui et le pointer du doigt. Zazou est très malheureux et s'isole dans un coin de la cour de récréation.

Après quelques jours, Francis s'approche de Zazou et lui demande si ce qu'a raconté Nina est vrai. Tout honteux, Zazou fait oui de la tête. Malgré cela, Francis lui confie qu'il voit en lui un compagnon très gentil. Il ne lui en veut pas et il l'invite à jouer au ballon dans son équipe. Comme Zazou excelle dans ce sport, il se fait de nouveaux copains.

Avec le temps, les choses s'arrangent, et Zazou se fait de plus en plus d'amis. On lui a pardonné son erreur, mais il a compris la leçon... Maintenant, tout le monde s'entend pour dire que la pizza du Fin Gourmet est la plus succulente en ville!

Question suggérée :

D'après vous, comment aurait pu se comporter Zazou pour éviter tous ces problèmes ou tous ces embêtements?

Le beau et grand tournesol

Sujets traités :
Individu qui joue au «petit boss».
Leader négatif.

Situations désirées :
Apprendre à utiliser positivement ses qualités de leader.
Développer le respect des autres.
Apprendre à travailler en équipe.

Dans un potager cohabitaient des petits pois, des carottes, des plans de maïs, des salades, différents autres légumes, de même qu'un beau et grand tournesol.

Le tournesol aimait bien prendre beaucoup de place et se faire complimenter par les autres habitants du jardin.

Pendant l'été, il devint tellement gigantesque qu'il empêcha ses voisins de profiter du soleil et de grandir.

Malgré plusieurs demandes de tous les légumes, le tournesol continuait de monopoliser les rayons du soleil et de prendre de plus en plus de place.

Voyant cela, les pois, les maïs, les carottes, les salades et les autres légumes cessèrent de l'admirer et ne lui adressèrent plus la parole.

Cela chagrina énormément le grand tournesol. Peu habitué à vivre ce genre de situation, il était totalement désemparé.

Un jour, le fermier, passant par là, s'aperçut que le beau et grand tournesol avait la mine basse et l'allure terne.

— Que se passe-t-il donc? lui demanda le fermier.

— Je n'ai plus d'amis! Mes copains ne me regardent plus et ne m'adressent plus la parole, car ils disent que je prends trop de place et que je les empêche d'avoir du soleil! répondit le tournesol.

— Si tu te contentais de suivre la course du soleil dans le ciel, plutôt que d'ombrager tout le territoire, chacun y retrouverait son compte, et l'harmonie régnerait de nouveau sur le potager, lui suggéra le fermier.

— C'est une très bonne idée! dit le tournesol. Je n'y avais pas pensé.

Le tournesol mit donc les conseils du fermier en pratique et, après quelques jours, tous les plans du potager avaient repris leur vigueur et leur bonne humeur.

Question suggérée :
Comment pensez-vous que se sentirent le beau et grand tournesol et les autres légumes du potager à la suite de cet événement?

Vol-au-Vent

Sujets traités :
Manque de coordination et de communication dans une équipe.
Personne qui panique facilement.
Anxiété d'anticipation et appréhension du futur.

Situations désirées :
Clarifier les rôles de chacun dans une communauté (famille, classe, etc.).
Privilégier le dialogue en cas de conflits (ex.: parents-adolescents, professeurs-élèves, etc.).
Apprendre à se maîtriser dans une situation d'urgence.

Par une belle journée ensoleillée, une famille qui possédait un joli voilier, le Vol-au-Vent, avait décidé de partir en excursion.

L'équipage profitait paisiblement du calme et de la beauté de la nature, quand tout à coup, le fils, apercevant quelques nuages grisâtres, se mit à crier de toute la force de ses poumons :

— Papa! Papa! Il faut vite rentrer, un ouragan se prépare!

Accourant sur le pont, le capitaine vit les petits nuages à l'horizon et rassura son fils. Il lui fit lever les yeux vers le ciel et lui dit de bien observer, car derrière ces nuages, on pouvait apercevoir les rayons du soleil. Il lui expliqua que même si parfois le ciel paraissait gris, le roi de l'univers serait bientôt là pour les éclairer comme un bon ami. Le moussaillon se calma et le voyage continua.

Au début de l'après-midi, cependant, le ciel s'assombrit de plus en plus et le vent augmenta d'intensité. Ce fut la panique à bord! Le moussaillon leva la voile, le second jeta l'ancre et le capitaine, lançant des ordres que personne n'exécutait, tint la barre comme il put. Le bateau tangua, et vint tout près de chavirer. Soudain, on aperçut à l'horizon un vaisseau qui valsait doucement sur les vagues, au gré du vent. C'était le Neptune, qui s'arrêta à proximité du bateau de nos amis. L'équipage du Vol-au-Vent réalisa qu'il régnait à bord de l'autre voilier une organisation où chacun acceptait ses tâches en se complétant.

Stupéfaits de constater cette harmonie, le moussaillon, le capitaine et les autres demeurèrent paralysés. Puis, ils se regardèrent, se parlèrent, s'écoutèrent, et retournèrent à leur poste. L'attitude de chacun avait changé.

[On pourrait, ici, prendre un temps d'arrêt pour imaginer ou faire imaginer la fin de cette histoire.]

Le Vol-au-Vent reprit sa route et il atteignit sa vitesse de croisière en louvoyant. Bientôt, l'équipage, sain et sauf, put toucher terre.

Par la suite, les randonnées en mer sur le Vol-au-Vent furent extraordinaires et se déroulèrent d'une façon tout à fait merveilleuse.

Question suggérée :

Pourriez-vous imaginer le dialogue qui s'établit entre les membres de l'équipage au moment du drame?

Érika la bernache déboussolée

Sujets traités :
Manque de confiance en soi et dans les autres.
Non-acceptation de sa condition.

Situations désirées :
Favoriser l'esprit de solidarité.
Développer la prise en charge personnelle et l'autonomie.
Aider quelqu'un à accepter ses différences et ses limites.
Donner la force et le courage d'affronter certaines situations difficiles de la vie.
Vaincre le fatalisme.

À l'automne et au printemps, en entendant certains cris nasillards, qui n'a pas eu le réflexe de lever la tête pour apercevoir dans le ciel des voiliers d'outardes, dessinant de majestueux «V»? À grands battements d'ailes, ces voiliers de bernaches émigrent. Quel spectacle!

On raconte qu'une jeune bernache canadienne, nommée Érika, était née avec une aile plus petite que l'autre. Tout de suite, elle avait eu le réflexe de vivre à l'écart et de faire ses apprentissages à son propre rythme.

Quel désarroi pour sa famille! Car ces oiseaux aquatiques ont la réputation d'avoir des liens familiaux très étroits.

Au début, après plusieurs observations et plusieurs essais de vols infructueux, au cours desquels elle tournait en rond, Érika décida d'accepter sa condition terrestre. Elle se disait : «Je fais ce que je peux pour répondre à mes besoins.»

— L'oiseau est fait pour voler! lui répétaient constamment ses frères et ses sœurs. Tu es capable, tu n'as qu'à faire ce que nous faisons!

— Vole comme je te dis de voler! la supplia son père. Tu verras, tu apprendras!

Mais Érika, toujours solitaire, n'en faisait qu'à sa tête et n'osait même plus essayer.

Un jour, attaquée par un prédateur, elle fit un grand effort pour s'élever dans le ciel. Elle parvint même à rester suspendue un court moment au-dessus du sol! Stupéfaite et encouragée par cette prouesse, elle s'endormit, épuisée.

Pendant son sommeil, elle rêva qu'elle volait en compagnie du jeune Icare, légendaire homme-oiseau, dont elle avait entendu maintes fois raconter les exploits. Icare lui enseigna, entre autres, l'aérodynamisme, la météorologie et la zoologie. Elle apprit que les oies sauvages adoptent ensemble, dans le ciel, une position qui rappelle une pointe de flèche. Elles peuvent ainsi parcourir de plus grandes distances en dépensant moins d'effort. Chaque battement d'ailes entraîne un courant d'air ascendant pour l'oiseau placé directement derrière lui. Elle entendait la voix d'Icare lui dire :

— Tu vois, tu n'es pas seule, tout ton groupe est là pour t'aider. Tu n'as qu'à voler avec eux, mais toujours en t'adaptant aux circonstances.

À son réveil, remuée par de telles révélations, Érika trouva en elle une force inconnue et irrésistible qui la poussa à vivre sa destinée. Elle commença petit à petit à développer son habileté au vol. Elle s'exerça graduellement à tourbillonner de droite à gauche et s'entraîna à voler, non sans peine, en haute altitude. Cela exigeait de terribles efforts, mais elle se rappelait les conseils d'Icare et, bientôt, son courage fut récompensé.

Quelques mois plus tard, frissonnant de bonheur, Érika prit le chemin du Sud avec tout le voilier. Partageant une direction commune ainsi qu'un sentiment de solidarité, les oies sauvages atteignirent leur but plus rapidement et plus facilement, parce qu'elles avançaient avec confiance. Le travail d'équipe faisait la différence. Tout au long du voyage, même si elle ne remplaça pas l'oie de tête lorsqu'elle était fatiguée, Érika ne cessa jamais de l'encourager par ses cris fréquents.

Malheureusement, durant cette migration, une oie fut blessée. Comme c'est la coutume, deux bernaches furent choisies pour l'aider et la protéger. À sa grande surprise, Érika fut l'une des accompagnatrices! Elles se posèrent donc et restèrent avec elle jusqu'à ce qu'elle puisse voler de nouveau. Radieuse et remplie d'énergie par le sentiment d'être utile, c'est avec fierté qu'Érika et ses nouvelles amies rattrapèrent le voilier quelque temps plus tard.

L'avez-vous aperçue l'automne dernier? Si vous l'avez ratée, surveillez-la, elle va certainement repasser ce printemps-ci! Elle vous fait dire que son cri est : «Hinc! Hinc! Hinc!» et qu'elle fait du cent kilomètres à l'heure![80]

Question suggérée :

Si Érika était en face de vous, qu'auriez-vous à lui dire ou quelle suggestion lui feriez-vous?

L'envers de la médaille

Sujet traité :
Incapacité de se faire des amis en raison de l'apparence physique.

Situations désirées :
Éliminer les préjugés par rapport à l'apparence d'une personne.
Accepter ses différences.

Sandrine est une enfant de dix ans. C'est une jeune fille sensible, intelligente, douce, d'une incomparable générosité. Chanter est ce qu'elle aime par-dessus tout. Cependant, Sandrine n'a pas d'amis. Personne n'a jamais essayé de l'approcher, n'a même jamais tenté de l'apprivoiser : c'est le mouton noir de la classe, le vilain petit canard de l'école entière. Eh oui! Sandrine a un gros problème : elle souffre d'embonpoint!

Un jour, lors du cours d'éducation physique, toute la classe est réunie près du trampoline. C'est l'initiation au saut. Les amis sont alors certains d'assister à un spectacle extraordinaire, puisque Sandrine devra expérimenter le trampoline. Notre amie s'avance d'un pas timide et grimpe sur l'appareil en sachant parfaitement que tous les yeux sont rivés sur elle. La tension qui règne bouleverse totalement Sandrine, à un point tel que ses joues semblent en feu et que son cœur roule comme un tambour annonçant la parade... Malheur! Après le troisième saut, la jeune fille tombe à la renverse! Elle vacille au milieu des rires fous et s'abîme dans la noirceur de l'inconscience.

Le professeur désigne Thierry Fortino pour accompagner la blessée à l'hôpital. Le garçon, très déçu, se jure de ne pas la toucher, se promet de ne pas lui parler!

Ainsi, il feindra l'indifférence afin de ne pas perdre la face devant ses amis.

Aussitôt arrivés à l'hôpital, les deux enfants s'installent dans la salle d'attente. Sandrine a repris connaissance et s'inquiète moins de l'enflure de son pied que de la présence du jeune garçon à ses côtés. Les heures passent sans qu'aucun échange ne se fasse de part et d'autre. C'est le silence absolu. Sandrine pense que Thierry la détestera encore plus, et que tous les autres agiront comme lui.

Pendant ce temps, Thierry, somnolent, perçoit un bourdonnement sourd et entend une voix lui parler :

— Mon cher ami, je me présente, je suis la fée de l'Harmonie et j'ai l'intuition que tu as besoin de moi. Sandrine est unique, différente des autres, j'en conviens. Toutefois, elle camoufle en elle un grand nombre de qualités que tu serais surpris de découvrir! Sans toi, il lui sera difficile de s'intégrer au groupe. Par contre, si tu l'aides, elle pourra sortir de sa coquille pour devenir une jeune fille épanouie, qui apportera beaucoup à quiconque l'approchera.

Sorti de sa torpeur, Thierry entend une voix mélodieuse. Il se voit emporter par une berceuse magnifique aux intonations extraordinaires! Le jeune homme se détourne lentement et s'aperçoit que Sandrine, même blessée, porte sur ses genoux un petit enfant malade. Il lui murmure cette comptine à l'oreille.

[On pourrait, ici, prendre un temps d'arrêt pour imaginer ou faire imaginer la fin de cette histoire.]

À partir de ce moment, Thierry découvre que Sandrine, effectivement, est généreuse, attentive aux autres et qu'elle possède une voix remarquable. Il ne peut s'empêcher d'accueillir l'élan d'amitié qui s'agite en lui. Malgré tout ce que pensent ses copains de Sandrine, Thierry décide de demeurer près d'elle.

Plus tard, le nouvel ami de la jeune fille l'incite fortement à participer au spectacle de fin d'année de son école. Cet événement, orienté vers la participation plutôt que la compétition, permet aux enfants de faire connaître leurs goûts, leurs intérêts et leurs talents. Sandrine, qui a repris davantage confiance en elle, accepte de s'inscrire au spectacle. Sa performance grandiose surprend la totalité de l'auditoire. Elle soulève les applaudissements de la foule comme jamais personne ne l'avait fait auparavant. Elle a même droit à une ovation debout. Le bonheur se lit dans ses yeux.

Question suggérée :

Et vous, que pourriez-vous faire pour la Sandrine que vous côtoyez régulièrement?

Lucien le dalmatien

Sujets traités :
Inacceptation de ses différences et des différences des autres.
Réaction négative des gens face à cette problématique.
Sentiment global de rejet.

Situations désirées :
Apprendre à voir au-delà de l'apparence physique.
Facilité d'adaptation des différences chez soi et chez les autres.
Favoriser l'estime de soi.

Comme à tous les beaux jours ensoleillés, la bande de caniches du quartier se réunit dans le parc aux mille couleurs. Les chiens s'amusent toute la journée, et quand il fait beaucoup trop chaud, ils vont se baigner dans la rivière du petit bois ou bien ils s'allongent sous les arbres qui projettent de l'ombre sur le parc.

Les caniches sont bien connus du milieu, et leur groupe a, pour ainsi dire, envahi la place. Nul n'oserait s'approcher de ces chiens à l'allure distinguée et au regard hautain.

Un jour qu'ils se prélassent comme à leur habitude, le plus vieux de la bande se redresse d'un seul coup :

— Regardez donc ce que je vois! dit-il.

Tous les autres tournent leur tête frisée.

— Eh! Vous avez vu comme il est sale! dit l'un.

— Eurk! Il a de grosses taches de boue toutes noires partout, partout! enchaîne un autre.

— Il a de bien trop grandes pattes! réplique un troisième.

— Espérons qu'il ne s'approchera pas de nous... Il doit être plein de poux! murmure le plus jeune.

— On n'a qu'à faire comme s'il n'était pas là. On va aller jouer à la cachette. Suivez-moi, allons dans le bois, chuchote le plus vieux.

Le pauvre Lucien le dalmatien les regarde s'en aller, une larme au coin de l'œil. Il se dit qu'il va marcher jusqu'à la rivière. Ainsi personne ne pourra lui faire de la peine. Pourquoi tant de méchanceté de la part des autres chiens? Pourquoi est-il différent? Il déteste ses taches noires, il déteste ses longues pattes, il déteste tout en lui. Il ne connaît personne d'aussi laid que lui-même...

Il s'en va, tête basse, lorsqu'il entend un bruit... On dirait un gémissement.

Lucien le dalmatien se met à chercher d'où peut bien provenir ce son. Il renifle et renifle, quand il aperçoit soudain quelque chose qui bouge. C'est Bijou, l'un des caniches, qui a eu un accident. Le caniche est vraiment très sale : son poil, habituellement si blanc, est couvert de boue. Voyant que le petit caniche respire à peine, Lucien le dalmatien s'empresse de le conduire chez lui. Pas un seul instant il ne songe à la boue, à la saleté, à la mine repoussante de la victime.

Lorsque Lucien arrive chez lui, les autres dalmatiens se hâtent de soigner le petit caniche blessé. Ils lui apportent tous les soins nécessaires, avec bonté. Le nouveau caniche est vite remis sur pied. Il est éclatant de santé! Il remercie ses nouveaux amis, discute avec eux et leur raconte son accident : alors que la bande jouait à cache-cache, il s'est perdu et s'est fait mal en tombant. Les autres, beaucoup trop loin pour l'entendre, l'ont oublié. Par bonheur, Lucien le dalmatien est passé par là et lui a sauvé la vie.

Quand le petit Bijou retourne auprès de ses amis caniches, il leur raconte sa version des faits:

— J'ai maintenant un nouvel ami qui s'appelle Lucien. J'ai connu tous ses amis dalmatiens. Ils sont plus grands que nous et ils n'aboient pas de la même façon que nous. Ils sont blancs, avec des taches noires partout, alors que nous, nous sommes tout blancs et frisés. J'ai appris quelque chose : ils sont comme nous, ils aiment aussi courir dans le bois, jouer au soleil, se baigner dans la rivière. Ils détestent aussi aller à la fourrière. Quoi encore? Lucien le dalmatien m'a sauvé la vie!

[On pourrait, ici, prendre un temps d'arrêt pour imaginer ou faire imaginer la fin de cette histoire.]

Depuis ce temps, Lucien le dalmatien s'est lié d'amitié avec les caniches. Les caniches, quant à eux, s'amusent maintenant avec tous les autres chiens du voisinage.

Question suggérée:
Et vous, que pourriez-vous dire à Lucien ou aux autres chiens pour qu'ils progressent davantage?

E.T. est de retour

Sujet traité :
Réactions négatives face aux différences des autres.

Situation désirée :
Faciliter l'acceptation des personnes différentes et leur intégration.

Le jour où E.T. fut de retour sur sa planète d'origine, on raconte qu'il avait plusieurs anecdotes à raconter sur son séjour parmi nous.

C'est ainsi qu'un soir, autour d'un feu de camp qui réunissait la plupart des membres de sa famille et de ses amis, il leur fit le récit suivant :

Là-bas, sur la terre, on m'appelait I.T.I. mais on écrivait E.T. Je n'ai d'ailleurs jamais su pourquoi, mais je trouvais ça comique. Ce que je trouvais drôle aussi, c'est la façon dont les gens me regardaient ou plutôt me fuyaient du regard.

Un jour, alors que j'avais attrapé une vilaine grippe, je dus me rendre dans une grande clinique spécialisée, et la personne qui nous y accueillit devait prendre divers renseignements sur moi. Vous ne me croirez peut-être pas, mais au lieu de me poser gentiment les questions, elle les demandait à la personne qui m'accompagnait comme si je ne savais pas parler. Il est vrai que je ne maîtrisais pas parfaitement la langue, mais je parvenais quand même à me faire comprendre. En plus, l'individu en question n'osait même pas me regarder.

Alors, je lui ai dit :

— Vous pouvez me les poser directement, vos questions, et j'essayerai d'y répondre le mieux possible.

La personne se retourna alors vers moi avec des yeux surpris.

— Je sais que je ne suis pas comme les autres, ajoutai-je, et je vois bien que vous êtes mal à l'aise devant moi. Malgré tout, je sais être gentil, doux, affectueux, vous savez...

Je répondis alors à presque toutes ses questions sauf à celle où elle m'a demandé mon Q.I. C'est mon accompagnatrice qui a répondu pour moi en disant que j'étais sûrement dans la moyenne et même au-dessus. Moi, je n'ai pas su ce que cela voulait dire, mais je trouvais ça sans importance.

Alors, la personne, me semblant moins nerveuse, devint de plus en plus détendue et chaleureuse. À la fin de l'entrevue, elle me tendit la main pour me souhaiter bonne chance. Son attitude à mon égard avait changé ; ça se voyait dans ses yeux...

Ensuite, j'ai longtemps attendu dans une salle avant d'être reçu par le personnel soignant. Pendant que j'étais là, deux personnes vêtues de blanc sont passées, et l'une a dit à l'autre, en parlant de moi :

— Voilà un autre «ti-counne» qui nous arrive.

Moi, je n'ai pas très bien compris ce que ça voulait dire, parce que mon nom était E.T. Malgré tout, leur attitude me fit soupçonner que ce n'était pas un compliment.

Lorsque je fus finalement conduit à la salle des soins, quelle ne fut pas ma surprise d'être traité par ce membre de l'élite médicale exactement de la même façon que tous ceux que j'avais rencontrés auparavant... J'ai dû revivre le même scénario et tout a bien marché.

Et puis, il y a eu cette fois où je me suis inscrit à un cours dans une école appelée Université. Imaginez la tête que les étudiants et le professeur ont fait en me voyant... Avec le temps, ils ont appris cependant à me connaître et à m'apprécier tel que j'étais. Je suis devenu copain avec la plupart d'entre eux. Ce fut une expérience très enrichissante pour moi et aussi pour eux, je pense.

Ça ne marchait pas toujours bien. Parfois, certains individus pleins de préjugés me poursuivaient dans la rue, d'autres m'ignoraient complètement et d'autres encore auraient voulu me capturer afin de m'analyser. Mais j'ai toujours réussi à me dissimuler avec l'aide d'un groupe de terriens, amis des H.I.P.

Au début, je pensais que les amis des H.I.P. faisaient partie d'une secte. En fait, c'était une catégorie de terriens qui aidaient les H.I.P. à s'intégrer au reste du monde. C'était curieux de voir le groupe des H.I.P. parce que chaque fois qu'ils remportaient une quelconque victoire, ils criaient tous en chœur : «HIP!... HIP!... HIP!... HOURRA!» Peu à peu, ils m'ont intégré au groupe des H.I.P., et c'est finalement lors de l'initiation que j'ai su ce que ces lettres signifiaient : personnes Handicapées Intellectuellement ou Physiquement. Les H.I.P. voulaient donc être acceptés avec leurs différences, leurs qualités, leurs défauts, leurs forces, leurs faiblesses, leur courage, leur détermination, leurs peines et leurs joies.

À la fin, le groupe des H.I.P. rassemblait même des gens de tous les pays, de toutes les nationalités, de tous les statuts sociaux. Ils étaient jeunes ou vieux, riches ou pauvres, en santé ou non, dépendants ou non de différentes drogues. Il y avait même des adeptes de plusieurs religions différentes.

Il faut que je vous raconte qu'un jour, alors qu'on

avait organisé ce qu'ils appelaient un Téléthon, pour venir en aide aux H.I.P., on m'a invité à passer à la télévision. C'était SUPER! Pendant quelques instants, de nombreuses caméras étaient braquées sur moi et on me posait tout un tas de questions. Je sentais que tous m'accueillaient à bras ouverts ; c'était fantastique!

Lorsque j'ai quitté la terre, alors que de plus en plus de gens m'acceptaient tel que j'étais, une immense foule est venue me souhaiter bonne route et me dire adieu. Leurs derniers cris du cœur me résonnent encore dans la tête :

— HIP!... HIP!... HIP!... HOURRA! HIP!... HIP!... HIP!... HOURRA! HIP!... HIP!... HIP!... HOURRA!

La légende de Timmy

Sujet traité :
Adaptation difficile suite à un changement (déménagement, divorce, deuil, etc.).

Situations désirées :
Faciliter l'adaptation au changement.
Favoriser l'autonomie et la prise en charge personnelle.
Développer des aptitudes à se faire des amis.
Inciter au courage et à la détermination.
Apprendre à affronter les difficultés de la vie.

Il était une fois un jeune sportif du nom de Timmy, qui était un des meilleurs de son groupe. Il jouait avec beaucoup d'adresse et avait un bon esprit d'équipe. Ses amis l'aimaient et l'admiraient grandement.

Pendant l'été, son entraîneur lui annonça qu'il devait être échangé à une autre formation. Il serait obligé de déménager à l'extérieur de la ville. Notre ami, très déçu, partit donc pour sa nouvelle demeure.

Malheureusement, dès le premier match, le jeune homme fit peu d'efforts. D'une partie à l'autre, il se découragea, il manqua d'énergie. Il avait de plus en plus de difficulté à performer. Il était incapable de trouver sa place au sein de sa nouvelle équipe.

Un jour, sa nouvelle région fut choisie pour participer à l'émission de télévision *Fort Boyard*. Des dirigeants de la ville désignèrent leurs meilleurs athlètes comme ambassadeurs. Étant donné sa superbe participation l'année précédente, et malgré sa piètre performance depuis le début de la saison, notre joueur se retrouva quand même à Fort Boyard. La première épreuve consistait à ramper dans un long tunnel rempli de tarentules. Timmy devait récupérer la clé au fond de ce trou. Il se sentait seul, nerveux, craintif. Il reculait au lieu d'avancer. Aurait-il le temps de récupérer la clé avant les trois minutes allouées? Il paniquait, il était incapable de bouger! Malheur! La porte du tunnel se referma soudain d'un bruit sourd, coinçant notre ami, désemparé, dans cette impasse!

Timmy leva alors les yeux et aperçut un vieillard à la barbe longue et blanche. C'était le père Fourat. Le vieil homme lui dit aussitôt :

— Mon garçon, j'ai une devinette pour toi. Réfléchis bien! Si tu veux traverser les épreuves de la vie, tu devras d'abord résoudre cette charade. La voici : mon premier supporte ta tête ; mon second est une maladie de chien qui le rend très agressif ; mon tout est ce qu'il te faut pour avancer dans la vie.

Après une brève réflexion, Timmy s'écria :

— COURAGE!

— Voilà! lui dit le père Fourat. Tu as la bonne réponse! Écoute-moi bien : aujourd'hui, je te donne une clé spéciale. Avec elle, tu te rendras au bout du tunnel et tu verras un petit coffre étincelant. Ouvre-le et sois attentif au message...

Les yeux brillant de joie, Timmy recommença alors à ramper et il aperçut bientôt la boîte mystérieuse. Il utilisa sa clé, et le coffret s'ouvrit instantanément! Tout au fond, il découvrit le message du père Fourat: «Désormais, tu auras force et courage pour surmonter les difficultés avec détermination. Tu pourras avancer fièrement dans la vie.» Automatiquement, la porte du tunnel s'ouvrit, et ses amis l'accueillirent avec beaucoup d'enthousiasme et d'admiration.

Par la suite, Timmy réussit toutes les épreuves avec aisance et facilité.

[On pourrait, ici, prendre un temps d'arrêt pour imaginer ou faire imaginer la fin de cette histoire.]

De retour dans sa nouvelle ville, Timmy reprit sa place dans l'équipe. Il pensait souvent à son aventure à Fort Boyard. Il avait retrouvé ses capacités et son exaltation. Il se faisait graduellement de nouveaux amis. Le jeune homme collaborait de plus en plus à la performance et à la réussite de sa formation. Il s'y sentait maintenant un membre à part entière, un membre important. Toute la saison, il joua merveilleusement bien et il donna le meilleur de lui-même. À la fin de la série, il reçut le trophée du joueur ayant fait le plus de progrès dans l'année. On était heureux de récompenser son courage et sa détermination.

Et Timmy était particulièrement fier de lui...

Question suggérée :
Si vous aviez un message à transmettre à Timmy, quel serait-il?

Alexia et Évelina

Sujets traités :
Sentiment d'infériorité.
Jalousie et dévalorisation face aux autres.

Situations désirées :
Apprendre à se faire confiance.
Accepter ses limites.
Réaliser que, bien souvent, l'important, ce n'est pas de gagner, mais de participer.

Par un bel après-midi ensoleillé, plusieurs bateaux partent du quai Bonentente pour une balade sur le grand lac Cristal.

Nos deux amis Alexia et Évelina naviguent paisiblement quand, tout à coup, Évelina, profitant d'une bourrasque, prend les devants. Sur ce, le voilier Alexia se dit : «Elle, elle navigue toujours plus vite que moi. Elle le fait exprès de me dépasser pour paraître meilleure que moi.»

Parvenues à destination, les deux embarcations se mettent à discuter ensemble. Alexia demande alors à Évelina :

— Pourquoi est-ce que tu dois toujours aller plus vite que moi? Je déteste cela!

— Je ne le fais pas exprès, lui répond Évelina. Toi, quand tu ouvres tes voiles par journée de grands vents ou de fortes tempêtes, tu vas bien plus vite que moi et je suis heureuse pour toi. L'important, c'est d'arriver à destination tout en respectant nos forces et nos faiblesses.

Alors Alexia lui déclare :

— Je n'avais pas pensé que, moi aussi, je pouvais aller plus vite que toi à l'occasion. Il faut dire que je ne pensais qu'aux autres bateaux qui nous regardaient, et je me sentais inférieure. Allez! On retourne naviguer ensemble...

Question suggérée :
Quel type de relations ont entretenu, d'après vous, Alexia et Évelina, à la suite de cette balade?

Picot et Chatouille

Sujet traité :
Difficulté pour certaines personnes d'apprendre à entrer en contact avec les autres ou de tolérer des gens près d'eux.

Situations désirées :
Respecter la «bulle» de chacun au moment d'un rapprochement entre des individus.
Apprendre à entrer en contact avec les autres.
Vivre en harmonie avec ses semblables.

Picot, un petit porc-épic, vivait heureux avec ses parents. À son arrivée à la Sapinette, Picot rencontra plusieurs copains, dont la gentille Aiguille, le cousin Pointu et la gardienne Chatouille.

Habitué à vivre seul, Picot avait du mal à s'approcher des autres et à contrôler ses piquants. Aiguille voulait partager ses brindilles, mais Picot la repoussait de ses poils hérissés. Pointu l'invitait à jouer, mais Picot le bousculait vivement. Chatouille, voyant cette triste situation, s'ingéniait à créer des liens entre eux et à ramener la paix dans le groupe, mais sans résultat.

Malheureux et dérangé dans ses habitudes, Picot se mit un jour à sangloter dans un coin retiré du pré. Douillette, la sage brebis, l'entendit pleurer. Doucement, elle s'approcha, lui fit raconter l'objet de son chagrin. Discrètement, Douillette lui offrit un bout de laine magique, qu'il pourrait caresser quand les autres l'approcheraient de trop près, et, ainsi, il apprendrait graduellement à contrôler les piquants sur son corps et à entrer plus facilement en contact avec eux.

[On pourrait, ici, prendre un temps d'arrêt pour imaginer ou faire imaginer la fin de cette histoire.]

Il découvrit peu à peu qu'il pouvait s'approcher d'Aiguille et de Pointu, tout en gardant son intimité et sa bonne humeur.

Bientôt, le bonheur revint à la Sapinette et dans le cœur de Picot.

Question suggérée :
Quant à vous, qu'auriez-vous conseillé à Picot pour qu'il vive en harmonie avec ses proches?

Les tactylosaures et les Pierrafeu

Sujet traité :
Problématique autour des gens de type kinesthésique (le toucher) qui ne comprennent pas leur propre comportement et qui ne sont pas compris de leur entourage.

Situations désirées :
Apprendre à se toucher.
Comprendre que certaines personnes sentent le besoin de toucher pour entrer en contact avec les autres.
Réaliser que certains individus peuvent être à dominance kinesthésique, d'autres à dominance visuelle et d'autres à dominance auditive.

Comme vous le savez sûrement, au début des temps, il y avait plusieurs grandes familles d'animaux préhistoriques.

La plus connue était sans doute celle des dinosaures, qui regroupait les brontosaures et les diplodocus. Ils aimaient bien entendre raconter plein d'histoires et ils riaient d'un rire sonore, qui amusait beaucoup leurs voisins.

Les tyrannosaures, quant à eux, étaient reconnus pour leur regard vif et alerte. C'était des reptiles carnivores, qui observaient attentivement tout ce qui se passait autour d'eux.

Mais on a très peu entendu parler des tactylosaures, parce qu'on les trouvait, eux, énervants et dissipés. Ils avaient toujours la mauvaise habitude de se tenir très près de leurs interlocuteurs, de les toucher avec leurs pattes ou de les frôler avec leur corps. On disait d'eux qu'ils avaient les pattes longues. Souvent, on ne comprenait pas leur comportement, on les fuyait, on disait qu'ils n'étaient pas normaux.

Le clan des Pierrafeu habitait dans le secteur des tactylosaures et ils se côtoyaient depuis longtemps. La plus grande amie des tactylosaures s'appelait Délima, car elle se sentait un peu comme eux. À l'époque où elle fréquentait l'école, elle aimait beaucoup les bricolages, la peinture et le dessin. Elle adorait écrire au tableau et manipuler toutes sortes d'appareils pour bien comprendre leur fonctionnement. Souvent, elle lisait en suivant avec son doigt, et ses lèvres bougeaient. Elle choisissait des crayons très courts pour écrire et elle faisait toutes sortes de créations en papier. Toujours absorbée, elle sursautait quand on racontait une histoire et, dans la classe, elle échappait fréquemment des objets par terre. Ce qu'elle aimait le plus, c'était de travailler à sa collection de roches et de jouer d'un instrument de musique.

Elle avait toutefois un problème lorsqu'elle entrait en contact avec les autres. Elle sentait toujours le besoin de les toucher pour attirer leur attention. La plupart du temps, ses amis réagissaient fortement, voyant cela parfois comme une agression. En outre, les garçons qu'elle abordait ainsi interprétaient faussement ses gestes. Ce qui la rendait bien malheureuse! Elle voyait bien qu'elle n'était pas comme la plupart des autres et elle ne comprenait pas ce qui lui arrivait. Elle évitait même de se rendre à différentes fêtes, de peur que les gens se fassent de mauvaises idées sur son compte.

Puis, un jour, elle fit part de ses difficultés à Kino, le messager des temps oubliés. Kino lui révéla qu'elle était différente des autres. En effet, certaines personnes entrent en contact avec leurs semblables en leur parlant, alors que d'autres préfèrent utiliser le langage des yeux. Elle ne devait pas se culpabiliser d'être ainsi. Bien au contraire, il était nettement préférable qu'elle s'accepte telle qu'elle était. Pour que les autres puissent comprendre, elle pouvait leur expliquer sa façon d'agir, sa façon d'être. Sinon, cela devenait leur problème à eux...

Délima fut très éclairée par ces révélations et elle courut immédiatement chez les tactylosaures pour leur faire part de la bonne nouvelle... Très soulagée de cette rencontre, elle vécut sa vie par la suite d'une façon beaucoup plus détendue...

Question suggérée :
Et vous, qu'auriez-vous dit à Délima pour qu'elle comprenne encore mieux son style de fonctionnement?

Les aventuriers de la civilisation perdue

Sujet traité :
Comportement irréfléchi face au danger de propagation de certaines maladies contagieuses.

Situations désirées :
Conscientiser les gens au port du condom comme moyen de prévention des M.T.S.
Vivre en harmonie avec soi et avec les autres.

Au plus profond de la jungle vivait une tribu. Les Libertinus étaient tous heureux. Chacun d'eux était fier de participer au bien-être de la communauté. Leur territoire était très grand, mais ils devaient fuir la montagne sacrée où, racontait-on, vivait une civilisation mystérieuse et dangereuse. On ajoutait même qu'un dôme de cristal imaginaire protégeait cette civilisation soi-disant disparue.

Un jour, quelques braves guerriers du village décidèrent d'explorer la montagne sacrée malgré tous les interdits. Ce qu'ils y virent les stupéfia: ces gens étaient d'une beauté et d'une gentillesse extrêmes. Les guerriers Libertinus hésitèrent à entrer en contact avec les habitants de cet autre univers, mais, peu à peu, des liens commencèrent à se tisser entre les aventuriers des deux mondes, et certaines relations particulières s'établirent graduellement. Des démonstrations d'amitié et d'amour furent de plus en plus nombreuses.

Lorsque les chefs Libertinus eurent vent de cette

histoire, ils s'empressèrent de faire des recommandations. Mais le mal était déjà fait, car on vit bientôt la peste rouge se répandre chez les Libertinus.

Malgré la maladie, on dut établir un pont entre les deux mondes. En effet, les relations privilégiées entre les deux groupes étaient de plus en plus nombreuses, et il était devenu impossible de freiner le destin. Le malheur se répandit comme une traînée de poudre chez les gens du village. Nul ne savait quoi faire.

On demanda donc au grand sorcier de se pencher sur la question. Aussitôt, le sorcier partit en expédition pour rencontrer les habitants de la montagne sacrée. Il étudia leurs habitudes de vie et leurs comportements amoureux. Il apprit que ce peuple originaire de la Flavie russe avait émigré il y a plusieurs siècles et avait été pratiquement rayé de la carte pour une raison inconnue. Il découvrit finalement que la peste rouge se transmettait par les contacts intimes. Le sorcier pouvait donc revenir au village et révéler à son peuple la racine du mal. Désormais, tous les Libertinus devraient se protéger. Les liens pourraient s'élargir, mais il faudrait utiliser des moyens de protection et faire preuve de prudence.

Les recommandations du sorcier étaient donc tout à fait élémentaires, et elles furent bien accueillies par les habitants des deux cités. Tous réunis pour la circonstance, ils écoutèrent le sorcier leur transmettre la formule secrète qui, au moment des contacts intimes, devait les protéger de la peste rouge. L'essentiel de cette formule, pour contrecarrer le pouvoir de la maladie, se trouvait dans le fait que les deux partenaires se devaient d'y penser à chacun de ces moments privilégiés.

[On pourrait, ici, prendre un temps d'arrêt pour imaginer ou faire imaginer la fin de cette histoire.]

Au début, les gens ne voulaient pas prendre le temps d'utiliser de tels trucs dérisoires. Mais il fallait bien se rendre à l'évidence, il n'y avait aucun autre moyen de prévention de la maladie.

Chacun s'y plia donc méthodiquement, et plusieurs partenaires se servirent même de cette occasion pour imaginer de nouvelles fantaisies dans leurs relations intimes.

La maladie disparut peu à peu dans les rangs des deux peuples maintenant devenus amis. Bientôt, on revit les sourires réapparaître sur les lèvres et le bonheur s'installer de nouveau chez les habitants des deux peuples.

On raconte même que, quelques générations plus tard, un sorcier venu d'un autre âge découvrit une sorte de potion magique qui vint libérer les gens de leurs habitudes de prévention.

Question suggérée :
Quelle conclusion tirez-vous de cette histoire?

Quand on s'aime... on sème...

Sujets traités :
Manque de respect envers les autres.
Intolérance des gens envers leurs semblables.
Perte d'estime de soi.

Situations désirées :
Valoriser des comportements respectueux afin de répandre le bonheur autour de soi.
Apprendre à apprécier ce que l'on a.
Cheminer vers un bien-être intérieur.

Dans un charmant petit village, qu'on a surnommé «Village de l'espoir» à cause de la générosité de ses habitants, habite une petite fille appelée Christina.

Malheureusement Christina est bien triste. Elle vit dans une famille d'accueil, parce que ses parents sont incapables de s'occuper d'elle.

Sa nouvelle famille fait tout pour lui rendre la vie plus agréable, mais Christina est toujours aussi mélancolique et désemparée.

Cette nuit, c'est la nuit de Noël, et notre amie est encore plus malheureuse.

À la messe de minuit, elle prie le ciel de lui envoyer une fée avec une baguette magique. Elle prie très, très fort. Elle veut vraiment que cette belle fée apparaisse et qu'elle lui apporte le bonheur pour toujours, toujours... comme elle le répète si souvent.

Alors... le miracle de la fée se produit.

Écoutez bien ceci, vous ne devinerez jamais!

À la sortie de l'église, il y a un garçon d'une dizaine d'années, une lueur féerique dans les yeux, qui lui sourit. Victime d'un accident grave, il est resté handicapé.

Il regarde la jeune fille et il lui demande :

— Comment t'appelles-tu?

— Christina, lui répond-elle avec un léger trémolo dans la voix.

— Moi, dit-il, je m'appelle Robin. Tu me sembles bien triste en cette si belle nuit!

Ce à quoi Christina réplique que cette nuit est, comme toutes les autres nuits et toutes les autres journées de sa vie d'ailleurs, remplie de tristesse.

Alors, Robin, le cœur débordant d'amour et de tendresse, invite Christina à fêter Noël chez lui.

— Nous pourrions passer une très, très belle nuit de Noël! dit-il.

Elle accepte et passe le plus joyeux Noël de toute sa vie.

Plus tard, elle demande à son nouvel ami quel était son secret pour être aussi heureux et rayonnant malgré son handicap.

À cela, il répond :

— C'est très simple, Christina. À l'école, je dis bonjour à tous et chacun, même s'ils ne me répondent pas. J'ai beaucoup d'amis. N'importe où, lorsque je vois quelqu'un de découragé, je fais quelque chose pour lui, même si ce n'est qu'un sourire. À la cafétéria de l'école, je respecte les autres au moment de l'ouverture. Je remercie les cuisiniers de même que toutes les personnes qui les ont aidés. Et je fais une prière pour tous ceux qui meurent de faim. Lorsque je me rends à l'hôpital pour mes exercices, je remercie les infirmières, si bonnes avec moi, et les physiothérapeutes, si dévoués. Hé! Christina! Tu veux vraiment que je te livre le secret du bonheur. Alors écoute attentivement. Dans quelques instants, je vais te demander de te représenter un jardinier qui met en terre une graine, puis tu vas imaginer la graine devenir un beau fruit mûr sucré. Pendant que tu imagines que tu vois (et peut-être que tu entends) la graine devenir le plus beau des fruits, tout en respirant son arôme bien connu, tu ressens, à l'intérieur de toi, une chaleur spéciale. La magie qui crée le miracle de ton fruit produit en toi un miracle semblable et même encore plus grand... Maintenant, tu comprends le secret du bonheur et peut-être éprouves-tu, en toi, un bien-être particulier... Désormais, tu sais que chaque fois que tu salues quelqu'un ou que tu lui souris, tu sèmes une graine du bonheur. Chaque fois que tu dis merci à une personne ou que tu lui rends service, tu sèmes le bonheur... Voilà! À l'avenir, tu pourras retrouver le bonheur chaque fois que tu en ressentiras le besoin. Tu te souviendras de ce moment magique où la fée des étoiles est venue te livrer son secret. Et ainsi, tu pourras toujours éprouver le bien-être que tu désires maintenant, demain et toute la vie.

Lorsqu'elle remercie Robin, avant de partir, Christina sent quelque chose de bizarre se produire en elle... Et c'est le cœur léger et les yeux pétillants qu'elle retourne dans sa famille d'accueil.[81]

Questions suggérées:
Quel fut, d'après vous, le comportement de Christina par la suite? Pourriez-vous donner des exemples? Comment, selon vous, sa vie s'est-elle déroulée?

Sibyl la grande baleine blanche

Sujets traités :
Violence et agression (aînés, handicapés, parents, etc.).
Situation de dépendance et d'isolement de certaines personnes face à leurs proches.

Situation désirée :
Encourager les individus à briser le silence et l'isolement et à demander de l'aide en cas de besoin.

Aux confins de l'embouchure du fleuve Saint-Laurent, là où la mer prend naissance, vivait Sibyl, une baleine solitaire. Elle résidait dans une caverne qu'elle avait choisie depuis longtemps. À l'entrée de cette grotte habitait un banc d'oursins, avec qui elle entretenait des liens affectifs très étroits.

Depuis leur plus tendre enfance, elle les avait protégés contre les intempéries et les maladies. Elle les avait nourris, bercés et cajolés, elle leur avait donné de belles années de sa vie, et ils constituaient tout son univers.

Les oursins, en grandissant, avaient pris davantage d'espace à l'entrée de la caverne, et leurs demandes étaient de plus en plus pressantes. Si bien que la baleine se sentait très inconfortable et n'arrivait plus à leur refuser quoi que ce soit.

Un soir d'orage, alors que la mer se déchaînait, les oursins allèrent même jusqu'à piquer la grande baleine avec leurs aiguilles perçantes, parce qu'elle avait refusé de répondre à l'une de leurs nombreuses demandes.

Malheureuse et désemparée, Sibyl rejoignit le marsouin guérisseur, qui pansa ses blessures et lui conseilla de retourner chez elle. À vrai dire, il ne croyait pas réellement à sa version des faits. Mais, la tristesse au cœur, Sibyl ne rentra pas chez elle. Elle se rendit plutôt à la rencontre annuelle des cétacés, à laquelle d'ailleurs elle n'avait pas participé depuis bien des marées, espérant y rencontrer quelqu'un qui pourrait l'aider.

Dès son arrivée, elle croisa une amie d'enfance qu'elle n'avait pas vue depuis fort longtemps et qui était précisément l'une des organisatrices de ce grand rassemblement. Sibyl osa alors lui faire part de son problème. Elle fut très surprise d'entendre son amie lui raconter que de nombreuses baleines vivaient les mêmes difficultés. Qui plus est, la plupart, craignant les représailles, gardaient le silence.

Sa copine lui donna des conseils très judicieux pour l'aider à rétablir sa place au milieu des oursins. Elle comprit qu'elle pouvait se donner le droit de refuser certaines de leurs sollicitations et se permettre des sorties plus régulières. L'amie de Sibyl l'invita surtout à revenir la voir au besoin, afin de discuter des différents moyens à prendre pour appliquer ses suggestions.

C'est le cœur léger et le sourire aux lèvres que Sibyl regagna son foyer ce soir-là. Elle était remplie de confiance. Dès maintenant, elle allait mettre en pratique les recommandations de son amie. Et elle allait le faire avec succès![82]

Question suggérée :
Quels conseils furent d'après vous prodigués à Sibyl par son amie d'enfance? Vous pourriez aussi imaginer la fin de cette histoire.

Le passeur

Sujets traités :
Manque d'investissement personnel dans une démarche de relation d'aide.
Réticence de quelques intervenants avec certaines personnes aidées.

Situations désirées :
Faire réaliser aux gens qu'ils doivent participer à leur démarche de relation d'aide ou à leur processus de guérison.
Faire en sorte que l'intervenant accepte inconditionnellement la personne aidée.

Il y a très longtemps, alors que les ponts n'existaient pas encore, un vieil homme vivait au bord d'une rivière.

Quand les gens avaient besoin d'aller sur l'autre rive, ils venaient le voir pour lui demander de traverser la rivière. C'est pourquoi on l'appelait «le passeur».

Il avait construit une sorte de radeau flottant, et c'est sur ce bateau improvisé que les gens devaient monter avec lui pour se rendre sur la berge opposée. Le passeur avait également installé une sorte de liane, attachée à deux gros chênes, qui le guidait d'une rive à l'autre.

Quand les gens venaient le voir, le passeur regardait la personne dans les yeux, écoutait ce qu'elle avait à dire, et si elle semblait honnête et sincère, il acceptait qu'elle monte sur son bateau, sans se soucier qu'elle soit femme ou homme, belle ou laide, grosse ou petite, dégoûtante ou propre, vieille ou jeune, noire ou blanche, pauvre ou riche.

Parfois, quand la personne avait peur, il la rassurait de son mieux, mais jamais il ne l'embarquait de force.

Par contre, il y avait une condition essentielle, celle de demander à l'individu de ramer avec lui et de tirer sur la liane, pour faire avancer le traversier. Le passager devait participer et faire des efforts pour seconder le passeur.

Souvent la personne n'était pas très forte. Parfois elle était très malhabile. Alors la traversée prenait plus de temps, mais le passeur faisait avancer le bateau avec elle, jusqu'à ce qu'il ait atteint l'autre rive. Parfois aussi, il y avait des vents forts, des orages et des températures plus froides. Dans ces circonstances, la traversée était plus difficile et plus longue, mais le passager et le passeur redoublaient alors d'ardeur pour effectuer le voyage et arriver à bon port.

Parvenue sur l'autre rive, la personne était toujours très contente d'elle-même, puisqu'elle avait traversé la rivière... avec l'aide du passeur![83]

Question suggérée :
Pourriez-vous décrire les sentiments que ressentait la personne lorsqu'elle avait atteint l'autre berge de la rivière?

Mon cher Grignote, c'est à ton tour...

Sujet traité :
Problématique entourant l'atteinte des objectifs.

Situations désirées :
Prendre conscience que le bulletin descriptif mesure mieux l'atteinte des objectifs terminaux de chaque matière.
Réaliser que, si l'on utilise le bulletin sommatif, les premières évaluations de la session doivent être considérées comme des exercices et ne doivent pas être totalisées dans la note finale de fin d'étape.

À quinze ans, Grignote, de son surnom, n'était pas tellement porté sur l'école. Ça ne voulait pas dire qu'il détestait apprendre... Mais, entre l'école et l'atelier de son grand-père, Grignote n'avait aucune hésitation. Il aimait mieux apprendre avec son grand-père.

Le grand-père de Grignote n'était pas un prof, mais il aimait son métier d'ébéniste... comme un prof aime le sien. Il aimait voir ses petits-fils apprendre... comme un prof aime voir ses élèves apprendre. Il se sentait bien dans son atelier quand ses petits-fils venaient travailler avec lui. De plus, il aimait beaucoup chantonner en travaillant et il avait un faible pour Gilles Vigneault.

Un beau jour, Grignote fit irruption dans la boutique de son grand-père. Le vieil homme tournait alors une patte de table. Vous savez, c'est une vraie merveille de voir un ébéniste travailler sur un tour à bois. La pièce de bois brute et informe se met à tourner de plus en plus vite et, quand l'artisan sort le ciseau à bois, des milliers de petites éclisses entrent dans une folle danse... Grignote était béat d'admiration. Quand le tour s'arrêta quelques minutes plus tard, la pièce de bois rude s'était métamorphosée en une jolie patte de table, bien polie, bien galbée... De toute beauté!

— C'est bien beau, grand-papa! s'ébahit notre ami Grignote. J'aimerais ça essayer... Est-ce... possible?

— Bien sûr, mon homme. Je vais te donner quelques conseils de sécurité et puis, après ça, tu pourras essayer.

Et voilà notre Grignote au travail... Maladroit, le jeune garçon fit cependant une fausse manœuvre dès le départ. Si bien que la patte cassa immédiatement. Imaginez la déception! Il avait encore échoué. Mais le grand-père, qui avait supervisé la manœuvre, avait détecté la maladresse. Quelques ajustements, quelques encouragements, une nouvelle pièce de bois... et revoilà notre ébéniste en herbe au travail.

Quand le tour s'immobilisa, cette fois-là, on était à des kilomètres de la patte de table de l'ancêtre, bien sûr, mais c'était beaucoup mieux que la première fois. Et, c'est là-dessus que le grand-père insista pour que Grignote retourne au tour. L'homme d'expérience savait, lui, que son jeune protégé était sur le point de réussir.

Il lui donna donc une pièce de bois digne de l'événement. De nouveau, le tour s'activa dans un tourbillon d'éclisses qui papillonnèrent dans toutes les directions. Quand Grignote poussa l'interrupteur, il lui sembla que la pièce de bois ne s'immobiliserait jamais. Les yeux de Grignote étaient rivés sur le tour. Ceux du grand-père étaient fixés sur ceux de Grignote.

La patte était parfaite. Un chef-d'œuvre. Le grand-père était si fier qu'il entonna d'une voix forte sa chanson favorite. Il la transformait selon les circonstances : «Mon cher Grignote, c'est à mon tour de dire BRAVO pour ton succès!»

Mais Grignote, lui, était bien triste.

— Tu vois, grand-papa, murmura-t-il, j'ai encore échoué aujourd'hui. La première patte, ça a été un gros zéro. La deuxième, ça valait à peine quarante pour cent. Alors, même si tu me donnes cent pour cent pour celle-ci, ça ne me donnera que quarante-sept pour cent de moyenne...

— Mais, voyons, Grignote, s'étonna le grand-père. Tu vois bien que tu es maintenant capable de travailler sur un tour à bois!

— Tu ne comprends pas, grand-papa... Tu n'es pas allé à l'école assez longtemps.

En regardant Grignote quitter tristement l'atelier, le vieil homme, la larme à l'œil, essaya de comprendre quel diable avait bien pu convaincre Grignote de son échec...

Questions suggérées :
Êtes-vous d'accord avec Grignote? Pourquoi?

Monsieur Brindamour

Sujets traités :
Difficulté de certains enseignants et parents à accepter l'intégration.
Réactions négatives des gens face à leurs différences et aux différences des autres.

Situations désirées :
Aider quelqu'un à accepter les différences des autres de même que les siennes.
Percevoir des richesses chez les personnes différentes.
Favoriser l'estime et la confiance en soi.

Dans une forêt verdoyante vivait Monsieur Brindamour, un magnifique papillon multicolore qui, depuis plusieurs années, était éducateur à l'école Arc-en-Ciel. Dans cette institution, on y enseignait toutes sortes de stratégies utiles au développement des papillons. On y transmettait également une multitude de connaissances relatives à la façon d'être heureux dans la vie, ainsi que de nombreux outils pour favoriser l'émergence et l'harmonie des couleurs de l'âme.

Depuis le début de sa carrière, Monsieur Brindamour avait supporté des centaines de jeunes chenilles dans leur élan pour sortir du cocon. Et, comme chaque automne, il se préparait frénétiquement à la rentrée.

Puisqu'à l'école Arc-en-Ciel, l'éducation était avant tout considérée comme un geste d'amour, l'accueil des jeunes chenilles revêtait une importance capitale. L'instituteur se devait d'établir un contact significatif et un climat de confiance adéquat s'il voulait que l'année soit agréable et propice aux apprentissages.

Cependant, cette nouvelle année était fort spéciale pour Monsieur Brindamour. Il avait été informé que cinq ignobles chenilles de nuit, ces êtres grotesques et rebelles, qui fréquentaient précédemment l'école des Marais, seraient transférées dans sa classe.

Il avait entendu dire par d'autres enseignants qu'en intégrant ces chenilles repoussantes et indésirables, sa classe pourrait bien se transformer en un lieu funeste, où les couleurs du prisme solaire pourraient bien se ternir et s'obscurcir. Mais, depuis bien des lunes, Monsieur Brindamour avait appris à se méfier des propos calomnieux qui, la plupart du temps, n'étaient pas fondés. Il n'empêche que, malgré tout, une certaine peur effleurait les antennes de Monsieur Brindamour.

Ce soir-là, il s'endormit avec difficulté et, alors qu'il avait le sommeil agité, un orage d'une force inouïe éclata dans ses rêves. Quand les éclairs s'évanouirent pour laisser place aux ardents rayons du soleil, un arc-en-ciel immense apparut dans le ciel et, Monarque, le dieu des papillons, lui adressa ce message :

— Pour relever le défi auquel vous serez confronté à la prochaine année, souvenez-vous que c'est par le canal de l'affectivité que passe en premier lieu la pédagogie. Tel un décret, gardez toujours en mémoire les sept articles suivants :

Article 1 : *Les ailes du papillon se déploient davantage en présence d'amour, d'écoute et de compréhension.*

Article 2 : *C'est grâce à la foi, la confiance, le respect et la tolérance envers soi et les autres que chaque chenille a la chance de devenir un papillon unique.*

Article 3 : *Pour favoriser l'éclosion des ailes des futurs papillons, il est essentiel de voir au-delà des apparences de la jeune chenille. Il faut éviter de conclure à son sujet uniquement à partir de ses comportements et de sa carapace protectrice.*

Article 4 : *L'enseignant et le parent sont le miroir où l'identification du futur papillon se reflète.*

Article 5 : *L'autonomie, le sens des responsabilités, l'enseignement des valeurs et la pensée positive constituent les piliers de la confiance en la vie et en soi-même.*

Article 6 : *C'est par l'intermédiaire du rêve et de l'idéal que la jeune chenille se gave d'espoir, nectar essentiel au bonheur et au développement optimal de l'être.*

Article 7 : *Il est primordial de s'aimer soi-même pour aimer les autres.*

Sur ces mots, le rêve s'envola vers le ciel, emportant avec lui dans la brume matinale le Monarque du prisme solaire. Le lendemain matin, Monsieur Brindamour se réveilla en pensant au rêve fabuleux qu'il avait fait. Il était loin de se douter que ce songe modifierait tout le reste de sa carrière.

À l'arrivée de ses nouveaux élèves, il vit une vingtaine de chenilles multicolores. Près d'elles se tenaient, légèrement à l'écart, cinq noctuelles aux tons de grisaille. Surmontant sa stupeur, Monsieur Brindamour pensa aux enseignements du grand Monarque : c'est en parsemant sa pédagogie d'amour, de confiance mutuelle et en appliquant l'ensemble des articles transmis par le dieu des papillons qu'il espérait voir sortir les coloris autant chez les chenilles de nuit que chez celles de jour.

Tout en teintant ses enseignements d'affectivité, Monsieur Brindamour gardait une grande place à l'encadrement, puisque l'autorité constitue une autre façon de montrer son amour aux chenilles.

Plusieurs lunes plus tard, une vague de doute vint troubler la marée d'espoir de Monsieur Brindamour: «Et si tous ces efforts étaient vains?» se dit-il en regardant la vingtaine de chenilles multicolores de la classe, qui s'étaient déjà débarrassées de leurs fils de soie...

Un bon matin, en rentrant dans sa classe, il aperçut les cinq chenilles nocturnes, les ailes déployées et brodées d'un contour multicolore. En voyant ce spectacle, notre ami frissonna de joie, et l'année scolaire se termina admirablement.

Tout le reste de sa carrière, il améliora ses méthodes d'enseignement à partir des sages principes qu'il avait reçus dans son rêve féerique. Et plusieurs de ses consœurs et confrères de travail prirent exemple sur lui.

Questions suggérées :

Vous est-il arrivé, au cours de votre vie, de rencontrer un Monsieur Brindamour? Si oui, pourriez-vous nous le présenter dans vos mots? Si non, pourriez-vous l'imaginer et nous le décrire?

Cette allégorie a été tirée de l'atelier «La pédagogie, un geste d'amour» animé par Claude Gagnon, psychologue du Service aux entreprises de la Commission scolaire de Chicoutimi.

THÉMATIQUE 3

LES ALLÉGORIES, MA FAMILLE ET MOI

Pendant une histoire, vous échappez à la logique des sempiternelles pirouettes parentales: les explications, la discipline, les bons exemples, les cajoleries, les sermons, et tout le tralala...

CHASE COLLINS

Dodor se rebelle

Sujets traités :
Perte de temps lorsque vient l'heure d'aller au lit.
Irrespect des consignes.

Situations désirées :
Aider les enfants à s'endormir rapidement quand vient l'heure du coucher.
Apprendre à respecter les consignes établies.

C'est l'automne. Les feuilles tombent, la température refroidit, les journées sont de plus en plus courtes.

L'ourson Dodor se prépare à hiberner pendant que Morphélie, sa mère, et Apolo, son père, s'affairent aux derniers préparatifs avant l'hibernation. Ils lavent les couvertures, préparent les réserves alimentaires et s'occupent de trouver tout ce qui sera nécessaire pour la famille pendant l'hiver. De plus, ils aménagent le nid douillet de chacun afin d'être prêts lorsque viendra le temps du grand sommeil.

Dodor est le premier à se mettre au lit, pendant que papa et maman ferment définitivement l'abri. Il mérite bien cela, après avoir tant sauté et gambadé pendant tout l'été.

Peu de temps après, cependant, Dodor se lève et arrive dans la cuisine.

— Maman, dit-il, je pense que je n'ai pas assez mangé, j'aurai sûrement faim avant le printemps.

— Je vais te préparer une tartine de miel. Mange vite et retourne te coucher, dit sa mère.

Après avoir mangé, Dodor retourne au lit. Quelque temps plus tard, il se relève :

— Papa, j'ai envie de pipi!
— Vas-y vite, dit son père, tu devrais déjà dormir!

Dodor retourne au lit après avoir fait son pipi. Après un moment, il se lève de nouveau :

— Maman, papa, j'ai oublié de vous embrasser!

Papa ours lui répond :

— Tu nous as déjà donné ton bisou la première fois que tu t'es couché!
— J'avais oublié, dit notre ami. Est-ce que je pourrais en avoir d'autres?

Après quelques bisous et caresses, Dodor retourne au lit, mais il joue encore longtemps avec son toutou avant de s'endormir finalement, complètement épuisé.

Le printemps est maintenant arrivé : les oiseaux gazouillent, les bourgeons sortent sur les branches, l'eau recommence à couler dans les rivières, le soleil est éclatant. C'est le moment pour Dodor et ses parents de sortir de leur hibernation.

Dodor sort difficilement de son lit. Il est encore très fatigué. Malgré les joies qui l'attendent dehors, il préférerait continuer à sommeiller.

Ses parents insistent pour qu'il aille se dégourdir les pattes dehors. Dodor part marcher dans la forêt, il s'approche de la rivière qui scintille. Le soleil réchauffe sa fourrure. Il voudrait bien rester éveillé pour profiter de ce beau paysage, mais il en est incapable et s'endort au bord de la rivière.

Bientôt, un petit lutin le réveille :

— Dodor! Dodor! Réveille-toi! Je sais pourquoi tu es fatigué ce printemps. L'automne dernier, tu as pris trop de temps à te coucher et à t'endormir. Je vais te donner quelques trucs pour la prochaine fois que tu hiberneras. Cet été, écris ce que tu dois faire avant d'aller au lit. À l'automne, cette liste t'aidera à ne rien oublier et tu pourras dormir en paix. Une fois au lit, tu penseras à la rivière qui coule, au soleil qui te réchauffe et tu répéteras cinq fois très, très lentement: «Je m'endors calmement et je vais me réveiller en forme.»

Puis, le petit lutin disparaît. Dodor passe l'été très fatigué... Il ne réussit même pas à s'amuser...

[On pourrait, ici, prendre un temps d'arrêt pour imaginer ou faire imaginer la fin de cette histoire.]

L'automne suivant, Dodor se souvient des conseils du lutin et il n'oublie rien avant de se coucher grâce à la liste qu'il a faite pendant l'été. Il se couche tôt, met les conseils du lutin en pratique et s'endort très rapidement.

Lorsque vient le printemps suivant, il se réveille en pleine forme.

Question suggérée :
Au moment de son réveil ce printemps-là, comment pensez-vous que se sentit Dodor?

Poussine et le petit poussin

Sujets traités :
Rivalité et sentiment d'abandon à la naissance d'un nouvel enfant.
Sentiment d'incompétence parentale.
Culpabilité des enfants et des parents en situation de conflit ou de difficultés passagères.
Perte d'amis suite à un déménagement.
Intégration en classe d'un élève en difficulté.

Situations désirées :
Prendre conscience que la rivalité fraternelle est une réaction naturelle.
Favoriser le sentiment de compétence parentale.
Faciliter l'adaptation au changement (divorce, adoption, famille d'accueil).
Prendre un recul en situation d'épuisement et de conflit.

Il y a plusieurs années, dans un poulailler, vivaient un papa coq, une maman poule et leur fille Poussine. Le papa et la maman aimaient beaucoup leur petite Poussine. Aussi décidèrent-ils d'avoir un autre bébé qu'ils pourraient aimer tout autant.

La maman poule pondit un œuf et le couva. Elle lui donnait la chaleur nécessaire pour faire grandir le bébé poussin qui se trouvait à l'intérieur.

Mais, une nuit, alors que toute la famille était endormie, un incendie se déclara à l'intérieur du poulailler. Poussine s'en aperçut et se mit à pleurer et à crier très fort, ce qui réveilla ses parents. Tous sortirent en vitesse du poulailler. Papa coq s'occupa de Poussine, tandis que maman poule tenait l'œuf bien au chaud.

Il leur fallut changer de poulailler, car le leur avait

été complètement détruit par le feu. Poussine était bien triste parce qu'elle avait perdu tous ses amis, mais elle avait bon espoir de s'en faire d'autres dans son nouveau poulailler.

Après l'incendie, maman poule continua de s'occuper de sa petite Poussine et de son œuf. Elle remarqua que le poussin, qui était encore dans la coquille, ne bougeait pas beaucoup et elle commença à s'inquiéter.

Elle avait l'impression que son petit poussin ne se développait pas normalement. Elle se sentait coupable parce qu'elle croyait qu'elle avait peut-être mal pris soin de son œuf. Elle avait même peur que bébé poussin, qu'elle aimait déjà beaucoup, n'arrive pas à percer sa coquille.

Elle alla voir le docteur Dindon, qui examina l'œuf.

— Ton bébé poussin, lui dit-il, est en train d'étouffer dans sa coquille. Tu dois m'aider à la percer parce qu'il n'est pas assez fort pour y arriver tout seul.

Ils percèrent la coquille et sortirent le bébé poussin qui était tout petit et fragile. Maman poule dut prendre beaucoup soin de lui. Papa coq et Poussine l'aidaient aussi. Mais bébé poussin pleurait presque toujours. Il pleurait le jour, l'après-midi, le soir et même la nuit.

Ses parents ne savaient plus quoi faire. Ils en vinrent à croire qu'ils n'étaient peut-être pas de bons parents et que bébé poussin ne les aimait pas. Bébé poussin, lui, croyait qu'il n'était pas un assez bon bébé et que ses parents ne l'aimaient pas. Poussine, quant à elle, croyait que ses parents ne l'aimaient pas non plus, parce qu'ils s'occupaient tout le temps du nouveau poussin, qu'elle aurait voulu parfois voir disparaître. C'était bien mieux comme avant! Alors, elle faisait des tas de bêtises pour montrer qu'elle était là.

Tout le monde était malheureux. Maman poule, très fatiguée, s'impatientait de plus en plus souvent. Papa coq était aussi irritable. Lui et maman poule se mirent à se chicaner. Bébé poussin, croyant que c'était de sa faute, devint triste, malheureux et continua à pleurer.

Sur les conseils de docteur Dindon, les parents décidèrent de partir en vacances pour se reposer et ils confièrent leurs enfants à Canard Blanc, en qui ils avaient toute confiance. Ils se dirent qu'en revenant, ils seraient plus en mesure de s'occuper de bébé poussin et de Poussine.

Bébé poussin pensait que ses parents l'abandonnaient, et Poussine lui dit :

— N'aie pas peur, ne sois pas triste, maman et papa ne nous ont pas abandonnés, ils avaient besoin de se reposer un peu. Tu sais, ils nous aiment beaucoup et ils reviendront bientôt!

À ces mots, bébé poussin se sentit un peu plus rassuré, car il avait une grande confiance en sa sœur.

[On pourrait, ici, prendre un temps d'arrêt pour imaginer ou faire imaginer la fin de cette histoire.]

Quelque temps plus tard, leurs parents revinrent, reposés et de bonne humeur. Petit poussin ne pleurait presque plus, car il se savait aimé par sa maman et son papa. Il savait aussi qu'ils ne l'abandonneraient jamais. Poussine, de son côté, avait compris qu'il était normal que ses parents s'occupent un peu plus de petit poussin, parce qu'il était plus jeune. Et son amour pour son petit frère grandit de plus en plus.[84]

Question suggérée :
Choisissez un personnage de l'histoire et racontez-nous ce qui lui arriva par la suite.

Géni le petit koala

Sujets traités :
Réactions négatives suite à l'arrivée d'un nouveau venu dans la famille (naissance, adoption, conjoint, famille reconstituée, etc.).
Pertes, suite à un déménagement.

Situations désirées :
Accepter la venue d'un autre membre dans la famille.
Accroître sa capacité d'adaptation.
Apprendre à se faire des amis.
Prendre sa place dans la société.

Au pays des Koalas, tout près de l'Australie, vivait une famille très heureuse. Il y avait la maman, le papa et un joli petit koala que l'on appelait Géni. Tout le monde était joyeux, jusqu'au jour où un autre petit koala arriva dans la tanière.

À partir de ce moment-là, la paix et le calme furent troublés de plus en plus souvent par des cris et de la discorde. D'abord, la famille dut changer de grotte parce qu'il n'y avait plus assez d'espace pour jouer, manger et dormir. Géni avait donc perdu tous ses amis et il avait du mal à se faire de nouveaux copains. De plus, comme le nouveau venu était aussi très beau, tout le monde le remarquait et s'occupait beaucoup de lui.

Plus le temps passait, plus notre petit Géni avait de la difficulté à faire sa place dans cette belle famille. Il se sentait rejeté. Ses parents étaient très occupés et il n'osait plus leur demander de le caresser ou de le garder tout contre eux. Il pensait que son papa et sa maman ne l'aimaient plus, et il se sentait bien seul.

Comme Géni était très intelligent, il avait remarqué que lorsqu'il faisait des bêtises, il attirait l'attention de ses parents. Chaque fois qu'il faisait une chose qui les ennuyait ou les contrariait, son papa et sa maman s'arrêtaient pour le gronder. Géni devenait alors le centre d'intérêt de la maison. Il se mit donc à faire de plus en plus de niaiseries. Avec le temps, les sottises prirent davantage de place dans la vie de Géni. Il les étendait même à la grandeur de son entourage. Si bien qu'il avait encore plus de mal à se faire des amis, car les gens le repoussaient. Il se sentait de moins en moins aimé. À l'école, il lui semblait que les professeurs le surveillaient tout le temps et que tout lui était mis sur le dos. Les choses avaient pris de telles proportions que, même s'il voulait faire une bonne action, cela se retournait contre lui. Lorsqu'on lui en parlait, il jurait que ça ne lui faisait rien. Pourtant, dans le fond de son cœur, il était bien triste et malheureux. À tel point qu'il se fermait de plus en plus aux autres.

Une nuit, alors qu'il dormait profondément, notre ami se sentit soudain attiré vers un endroit merveilleux. Dans ce lieu rempli d'amour, de paix et de calme, il y avait un immense arc-en-ciel aux couleurs flamboyantes. Venu de nulle part surgit bientôt un personnage extraordinaire, entouré d'une sorte de nuage aux coloris magnifiques. Notre petit Géni n'en croyait pas ses yeux et ne savait plus quoi dire. C'est alors que le messager s'approcha de lui et déposa sa main sur sa tête en disant :

— J'ai un secret pour toi. Tu es présentement dans le monde intérieur de ton cœur. Vois comme tu es beau et comme ton amour est grand. Chaque fois que tu te sentiras malheureux, ferme les yeux et imagine un soleil étincelant. Puis répète ces trois mots à l'intérieur de toi : COULEUR, CHALEUR, DOUCEUR. Cette formule magique ouvrira les portes de ton cœur et te guidera... Tu ressentiras alors un bien-être particulier et tu éviteras de faire des bêtises.

[On pourrait, ici, prendre un temps d'arrêt pour imaginer ou faire imaginer la fin de cette histoire.]

Le lendemain, alors que son père le grondait d'avoir fait tomber son petit frère sans le faire exprès, Géni se souvint de la formule magique de son guide et il l'appliqua. Quelle ne fut pas sa surprise de voir que cela fonctionnait vraiment. Comme il se sentait bien!

Il se mit donc à se servir de plus en plus souvent de la formule magique, et tout se transforma autour de lui. De jour en jour, il se faisait de nouveaux amis, et tous les gens étaient différents avec lui et lui avec eux.

Notre petit Géni continue encore aujourd'hui d'utiliser sa formule secrète. Il entretient maintenant de bonnes relations avec sa famille et s'amuse bien avec ses amis.[85]

Question suggérée :
Auriez-vous d'autres suggestions à faire à Géni pour qu'il se sente encore plus heureux?

Attachou le petit pélican

Sujet traité :
Crainte de fréquenter l'école ou la garderie ou de participer à des activités extra-scolaires.

Situations désirées :
Aider l'enfant à se sentir plus rassuré face au monde scolaire ou à la garderie.
Prendre conscience qu'on peut éprouver un sentiment de bien-être ailleurs qu'à la maison.
Supporter le parent dans sa démarche de «coupure» avec son enfant.
Vaincre des préjugés.

Attachou, un très mignon pélican, vivait dans un joli nid très moelleux avec sa mère. Elle était fort gentille avec Attachou. Elle lui apportait de la nourriture trois fois par jour. Elle lui grattait le dos avec ses griffes et enlevait les saletés de ses plumes avec son bec. Elle se collait souvent très près de lui pour lui donner de la chaleur et lui prodiguait de tendres caresses lorsqu'il en avait besoin. Ah! ce qu'Attachou pouvait être bien avec sa mère!

Un jour, alors qu'elle lui brossait les plumes, elle lui annonça :

— Tu sais, dans quelques jours tu devras aller à l'école des oiseaux pour apprendre à voler!

Attachou eut l'impression que son cœur cessait de battre. Il n'avait jamais pensé qu'il devrait quitter ce logis un jour! Il n'avait jamais rien demandé à personne! Tout ce qu'il voulait, c'était de vivre heureux avec sa mère.

Jusqu'à la toute dernière minute, Attachou essaya

de convaincre sa mère de le garder près d'elle dans leur nid, mais elle semblait ne rien comprendre : elle ne comprenait pas qu'Attachou avait peur de se retrouver tout seul ; elle ne comprenait pas qu'Attachou avait peur que les autres oisillons soient méchants avec lui ; elle ne comprenait pas qu'Attachou avait peur de ne pas être capable d'apprendre à voler ; elle ne comprenait pas qu'Attachou avait peur que le professeur ne soit pas gentil avec lui et elle ne comprenait pas qu'Attachou pensait que sa mère l'abandonnait.

Le jour qu'Attachou craignait tant arriva. Il fit tout pour que sa mère ne l'envoyât pas à l'école. Il pleura, cria, donna des coups de bec sur le nid. Sa mère lui dit alors :

— Tu ne sais même pas ce qu'est l'école! Moi aussi, j'ai dû y aller quand j'étais petite et j'ai adoré cela. Essaye une journée et nous en reparlerons ce soir.

Il fit une dernière tentative en affirmant qu'il avait mal au ventre, mal à la tête et toutes sortes d'autres malaises, mais la décision de sa mère était irrévocable. Finalement, Attachou accepta à contrecœur et se laissa conduire à l'école.

Lorsqu'il fut arrivé, Attachou eut la grande surprise de voir que l'école était merveilleusement bien décorée. Le grand condor adressa la parole à tous les oisillons. Il était souriant et semblait très gentil. En racontant une blague, il avait même réussi à faire rire Attachou. C'était vraiment différent de ce qu'il avait imaginé! Il croyait même qu'à l'école, les oisillons devaient toujours être sérieux et ne jamais s'amuser.

Au moment de la récréation, Attachou resta seul. Il ne voulait pas voir les autres, car il ne savait pas comment ils se comporteraient avec lui. Il craignait qu'on ne veuille pas de lui. Il restait donc là à attendre la fin de la récréation. C'est à ce moment qu'un oisillon, qui passait près d'Attachou, lui fit un beau sourire et le salua. Attachou eut une drôle de sensation dans son corps. Il était tout léger, comme si on lui avait enlevé quelque chose d'énorme qui pesait sur lui!

Une fois la journée terminée, Attachou fut très soulagé de voir que sa mère l'attendait à la sortie de l'école. Elle ne l'avait pas oublié. Il s'empressa alors de raconter sa journée de classe. Lorsqu'il eut terminé de parler de tout ce qui s'était passé, sa mère lui demanda :

— Alors, aimerais-tu essayer une autre journée d'école demain?

Attachou hésita un peu, puis il accepta de retourner à l'école en se disant que la journée qu'il venait de vivre avait été beaucoup plus agréable que ce à quoi il s'attendait.

[On pourrait, ici, prendre un temps d'arrêt pour imaginer ou faire imaginer la fin de cette histoire.]

Et c'est ainsi qu'Attachou s'habitua, de jour en jour, à fréquenter l'école. Il apprit à connaître l'oisillon qui lui avait souri la première journée, et il se fit plusieurs nouveaux amis.

Aujourd'hui, Attachou est fier d'avoir accepté d'aller à l'école, car il sait maintenant voler de ses propres ailes. En s'envolant dans l'immensité du ciel, il peut faire une multitude de choses captivantes qu'il n'aurait jamais pu faire s'il était toujours resté dans le nid de sa mère.

Question suggérée :
Comment pensez-vous que se sentit Attachou après quelques jours de fréquentation dans sa nouvelle école?

Une journée dans la vie d'Emmanuelle

Sujet traité :
Manque de temps en ce siècle de la vitesse.
Perte de motivation de certains jeunes causée par le manque de disponibilité de plusieurs parents.

Situations désirées :
Réaliser l'importance de consacrer du temps à des personnes significatives.
Garder le contact avec les gens autour de soi.
Prévenir le décrochage scolaire.

Emmanuelle vit dans une famille tout à fait normale.

De bonne heure ce matin-là, elle n'est pas aussitôt assise pour déguster son petit déjeuner que sa mère lui annonce, à la course, qu'elle doit la conduire immédiatement à son école, car elle est déjà en retard pour un rendez-vous important. Emmanuelle n'a donc pas le temps de manger.

Chemin faisant, Emmanuelle rappelle à sa mère que le spectacle de sa classe auquel elle avait promis d'assister est pour ce soir. Immédiatement, sa mère lui répond que, malheureusement, elle n'aura pas le temps de s'y rendre parce qu'elle a une réunion très importante à laquelle elle ne peut se soustraire.

— Ce sera pour la prochaine fois! dit-elle.

Arrivée à l'école, Emmanuelle remarque une vieille dame qui demande une information à quelqu'un :

— Excusez-moi, lui répond son interlocuteur, j'aurais bien aimé vous aider, mais je n'ai pas le temps...

Un peu plus loin, une copine descend de l'automobile de sa mère qui lui dit :

— Ferme vite la portière, je ne peux attendre, je suis débordée, je n'ai pas le temps...

Entre deux cours, Emmanuelle se hâte d'appeler son père au bureau. Il lui répond qu'il n'a pas le temps de lui parler et qu'il ne pourra pas, lui non plus, assister à son spectacle, faute de temps.

— Je te verrai plus tard... affirme-t-il.

Sur l'heure du repas du midi, elle en parle à son frère qui, lui non plus, n'a pas le temps. Il a son sport à pratiquer. Quant à sa sœur, elle a ses cours et tellement de travail. Elle n'aura sûrement pas le temps. Emmanuelle pense bien à sa marraine et à son parrain, mais ils ont une nouvelle maison à aménager et une famille à leur charge. Ils n'auront certainement pas le temps... Finalement, elle songe à ses grands-parents, mais ils sont malades. Ils ont à suivre leurs traitements, sans oublier qu'ils ne veulent pas rater leurs émissions favorites à la télé pour tout l'or du monde. Ils n'auront assurément pas le temps...

En retournant à l'école, ce midi-là, dans l'autobus, Emmanuelle réalise que les gens passent sur terre en courant. «Ils sont pressés, bousculés, surchargés, affolés, débordés,» songe-t-elle. Ils n'y arrivent jamais et, malgré tous leurs efforts, il leur manque du temps, même beaucoup de temps.» Elle en vient même à penser que le Créateur a dû se tromper dans la distribution du temps : «Les heures sont trop courtes... Les jours sont trop courts... Les vies sont trop courtes...» se dit-elle, une larme au coin de l'œil.

Plus tard, en retournant chez elle, seule, après le spectacle où elle a si bien chanté devant quelques parents, elle comprend que le temps est un cadeau de Dieu, mais un cadeau périssable, un cadeau qui ne se conserve pas.

Ce soir-là, avant de s'endormir, Emmanuelle se promet à elle-même que, à partir de maintenant et plus tard, elle s'arrangera pour consacrer du temps... Du temps aux personnes qui lui sont chères.

Question suggérée :
Et vous, que faites-vous de tout votre temps?

Promo l'écureuil volant

Sujets traités :
Personne qui accomplit des choses pour faire plaisir aux autres ou qui n'arrive pas à dire non.
Individu qui reporte la faute sur les autres.

Situations désirées :
Responsabiliser l'individu en situation de choix ou de prise de décision.
Apprendre à dire non (affirmation de soi).
Assumer les conséquences de ses actes.
Favoriser le partage.

C'était l'automne, et l'hiver approchait à grands pas. Promo, jeune écureuil volant, vivait avec ses parents dans une forêt où il y avait de beaux chênes et une multitude d'arbres fruitiers. Toute la famille était occupée à accumuler les provisions avant que le manteau blanc n'ait recouvert leur territoire.

Un jour, papa écureuil demande à Promo :

— Veux-tu, aujourd'hui, approcher beaucoup de glands au pied du vieux chêne, près des sapins que tu vois là-bas?

— Oui, papa! répond Promo, enthousiasmé. Je suis content de faire ma part.

Et voilà notre ami qui se met à l'ouvrage et commence son travail avec hardiesse...

Près de la moitié des provisions sont déjà déménagées, lorsqu'arrive Maxi, l'ami de Promo.

— Hé! Promo! lui dit son copain. Viens jouer dans les champs d'avoine avec moi! Puis, nous voltigerons d'une branche à l'autre.

Maxi sait bien que c'est l'activité favorite de Promo que de planer entre les différents arbres du secteur.

— Non, pas tout de suite, dit Promo. Il faut d'abord que je termine mon travail!

— Ce n'est rien! riposte Maxi. Tu finiras ce soir ou demain.

— Non, mes parents m'ont demandé de faire ce travail aujourd'hui et j'ai promis! reprend Promo.

— Si tu ne viens pas, tu ne seras plus mon ami... Tu joueras tout seul... Tout le temps! réplique Maxi.

Comme Promo a peur de perdre son meilleur ami, il prend la clé des champs avec lui, au lieu de faire son travail. Il ne pense pas aux conséquences...

Promo joue tout l'après-midi...

À la fin de la journée, les parents rentrent à la maison pour se reposer de leur travail. À leur grande surprise, Promo n'est pas visible, et la provision de glands n'est pas terminée!

Quand Promo apparaît, ses parents sont mécontents et lui demandent :

— Promo, d'où viens-tu? Qu'as-tu fait? Pourquoi y a-t-il si peu de glands de déplacés?

Promo, un peu mal à l'aise, répond :

— C'est la faute à Maxi. Il a voulu que j'aille jouer avec lui dans les champs d'avoine. Si je n'y allais pas, il ne voulait plus être mon ami. Je ne veux pas perdre mon meilleur ami!

— C'est dommage! réplique son père. Alors va te coucher immédiatement, et demain matin tu te lèveras de bonne heure pour terminer ton travail.

La neige tombe toute la nuit et les glands disparaissent sous la couche de cristaux blancs. Au matin, Promo, découragé, se met à l'ouvrage. Ce n'est pas drôle de chercher des noix dans la neige et de les apporter près du chêne! Notre ami a froid... Il pleure... Tout à coup, le lièvre Servico arrive en gambadant dans cette première couche de neige folle et demande à Promo :

— Pourquoi pleures-tu?
— Mes parents m'obligent à ramasser les glands que je n'ai pas apportés près du chêne hier. Maxi m'a demandé de jouer avec lui et je n'ai pas su lui refuser, de peur de perdre son amitié.
— Promo, je te comprends : tu as de la difficulté à dire non. Je vais t'aider si tu veux, mais uniquement pour cette fois!

Servico le lièvre, avec ses pattes agiles, sort les glands de la neige, et Promo court les porter auprès du chêne. Quand la provision est terminée, Servico dit à Promo :

— Tu sais, je ne serai pas toujours là pour t'aider! Tu devras apprendre à dire non quand tu jugeras que tu as quelque chose de plus important à faire ou quand tu n'auras pas le goût de faire ce qu'un ami te propose.
— J'ai compris! dit Promo.

Question suggérée :
Et vous, qu'auriez-vous dit à Maxi, si vous aviez été à la place de Promo?

Un faucon nommé Désir

Sujets traités :
Dépendance affective (ex.: adolescent qui ne parvient pas à quitter la maison familiale).
Peur d'affronter la réalité.
Difficulté à prendre des risques.
Crainte de l'inconnu.

Situation désirée :
Réaliser que c'est en prenant des risques et en relevant des défis qu'on grandit.

Sur la cime d'une montagne verdoyante, un bébé faucon nommé Désir était confortablement installé au fond de son nid avec ses parents, ses frères et ses sœurs. Depuis déjà plusieurs semaines, ceux-ci sillonnaient le ciel et volaient déjà d'une façon majestueuse. Mais Désir, lui, était habité par une peur irraisonnée : il était persuadé qu'il ne réussirait jamais à voler et qu'il s'écraserait sur le flanc rocailleux de la montagne. Donc, il ne volait pas.

Une grande envolée était prévue pour bientôt et, chaque jour, les parents faucons tentaient de convaincre leur fils de voler :

— Aie confiance en toi, aie confiance en toi et vole, si tu veux partir avec nous!

Désir le voulait de toutes ses forces et souhaitait que lui vienne enfin cette confiance qui lui permettrait de faire le grand saut. Mais rien ne se passait.

— Que me vienne enfin cette confiance! criait-il.

À quelques jours de la grande envolée, la sage colombe se posa près du nid. Elle vit l'affaissement des ailes de Désir, qui lui parla de son désarroi.

— Désir! lui dit-elle. Si tu acceptes de prendre le risque de sauter hors du nid, je volerai au-dessus de toi et je veillerai à ce que tes ailes soient toujours bien déployées. Bien sûr, tu vivras de la peur et peut-être y perdras-tu quelques plumes, mais tu seras si fier de toi!

[On pourrait, ici, prendre un temps d'arrêt pour imaginer ou faire imaginer la fin de cette histoire.]

Rassuré, Désir se lance! Il a très peur, mais il sent la sage colombe près de lui. Après des minutes interminables, il se rend compte qu'il vole, qu'il plane et, à mesure que ses ailes se déploient, il prend de plus en plus d'assurance. Bientôt, il s'aperçoit que la colombe a disparu pour laisser place au vent du matin, qui l'aide à tourbillonner de plus en plus vite.[86]

Questions suggérées :
D'après vous, quels sentiments habitent maintenant le faucon suite à cette expérience? Comment les parents du faucon auraient-ils pu, eux aussi, le rassurer?

Madame et ses filles

Sujets traités :
Stress et angoisse de performance.
Attentes des parents.
Abandon à la dernière minute.
Difficulté d'affronter les situations pénibles.
Anxiété d'anticipation.

Situations désirées :
Se donner des moyens pour affronter des situations stressantes (examens, tests, compétitions, etc.).
Réaliser qu'il faut faire les choses pour soi et non pour les autres.
Montrer qu'il est souvent plus important de participer que de gagner.

Madame a toujours eu de magnifiques chats, qu'elle adore, cajole et montre avec fierté. Tant et si bien que Madame ne perd jamais une occasion de montrer ses deux chats. Tous reconnaissent leurs qualités, leur finesse et leur intelligence.

Madame inscrit régulièrement ses deux trésors à des concours félins où, bien sûr, ils font bonne figure. Comme Câlina et Doucelle ont beaucoup d'ambition et sont encouragées par l'entourage, elles désirent explorer le vaste monde, et surtout y montrer leurs plus beaux atours.

Madame connaît les capacités de ses chats, mais également leur nervosité à la veille des expositions félines locales. Câlina et Doucelle ne l'oublient jamais non plus, mais elles veulent conquérir le monde.

Un matin, Câlina entend parler d'un grand concours international qui doit se dérouler à New York. Câlina court réveiller Doucelle, la tire de son lit douillet, pour lui annoncer l'heureuse nouvelle :

— On part pour New York, mais il faut d'abord convaincre Madame!

Elles déploient alors leurs charmes : ronronnements, cajoleries, miaulements, pour finalement en arriver à leur but...

Que de préparatifs pour être les meilleures : bains, lustrage, séchage, pose et maintien, miaulements de circonstance et finesses à profusion. Rien n'est ménagé.

Le soir précédant la grande compétition, Madame met ses deux chats au lit très tôt, mais Câlina et Doucelle, excitées à l'idée de ce qui les attend, sont énervées, et le sommeil n'arrive pas. Ce n'est rien de nouveau. C'est ainsi la veille de toutes les compétitions. Puis, soudain, c'est le drame! Câlina et Doucelle sont très malades et ne veulent plus entendre raison. Elles exigent de partir.

Madame fait une prière à tous les saints, tente de les convaincre par tous les arguments, les supplie, mais rien n'y fait. En désespoir de cause, elle appelle le directeur de l'hôtel qui, devant l'urgence de la situation, n'hésite pas à lui envoyer immédiatement un vétérinaire de renommée internationale, le docteur A.B. Royal.

Après avoir ausculté les deux chattes et les avoir examinées sous toutes les facettes, le docteur Royal déclare solennellement que Câlina et Doucelle sont en parfaite santé. La nervosité est la seule responsable de leur état actuel. Heureusement, le docteur Royal a beaucoup de connaissances et d'expérience. C'est le genre de situation qu'il a vue à maintes reprises. Les remèdes sont simples : repos, relaxation, méditation et, principalement, visualisation créatrice, qui consiste à s'imaginer que la compétition se déroule bien, que chacune reste calme et en pleine possession de ses moyens en réussissant très bien les épreuves demandées. Tout cela, grâce à leurs capacités et leurs ressources personnelles. Il leur rappelle surtout que le plus important, ce n'est pas de gagner, mais bien de PARTICIPER...

Questions suggérées :
Pourquoi, d'après vous, est-il plus important de participer que de gagner? Pensez-vous que les deux chattes ont participé au concours? Comment pensez-vous que se déroula la compétition?

L'auberge aux alouettes

Sujets traités :
Insouciance et immaturité d'un parent qui voit mal à la sécurité de ses enfants.
Individu qui se laisse berner par l'appât du gain.
Problématique de personnes abusées ou agressées.

Situations désirées :
Conscientiser les individus face aux adultes abuseurs.
Apprendre à sélectionner les amitiés et les relations significatives, pour soi-même et pour ses enfants.
Aider la personne à actualiser ses propres ressources.

Il était une fois, dans une forêt, une famille d'oiseaux. Depuis quelque temps, le papa oiseau était parti. La maman alouette se retrouvait seule pour prendre soin de ses trois oisillons. La famille habitait une grande cabane d'oiseaux qui nécessitait des réparations.

Comme elle se retrouvait seule et que ses oisillons s'ennuyaient, elle décida d'aménager leur grande cabane en auberge. Son besoin de réserves alimentaires et son désir de plaire à ses oisillons firent en sorte qu'elle accepta tous les visiteurs se présentant à sa porte.

Parmi ces visiteurs se trouvaient des oisillons voisins, mais aussi s'y glissaient des vautours. Ceux-ci étaient parés de leurs plus beaux atours et de sacs remplis d'un assortiment de graines très varié. Maman alouette était éblouie par leur plumage et leurs provisions.

Après quelque temps, elle se rendit compte que les

vautours occupaient presque toute la maison et même que les oisillons préféraient la compagnie de certains d'entre eux.

Un jour que tous étaient absents, maman alouette entra dans une pièce qui, jusque-là, n'avait pas attiré son attention. Sur un mur était fixé un grand miroir et, pour la première fois, elle vit que ses ailes étaient aussi grandes que celles des autres oiseaux. Elle les déploya et sentit leur grande force et leur agilité. Au même moment, un vautour apparut derrière elle. Elle le regarda longuement et réalisa soudain que c'était un vautour. Elle prit conscience de toute la signification de la présence d'un tel prédateur dans son foyer.

Elle s'en retourna alors dans sa chambre et elle réfléchit longuement à la situation. Lorsqu'elle en ressortit, une lueur nouvelle apparaissait dans ses yeux, car elle avait décidé de changer sa façon de vivre en réorganisant son environnement, de même que celui de ses oisillons.

Questions suggérées :

Quelle action pensez-vous que fit la maman alouette afin de réaménager son espace de vie et d'organiser décemment celui de ses oisillons? Et comment pensez-vous que le tout s'est terminé?

Gorfou le petit manchot

Sujets traités :
Absence ou départ temporaire d'une personne significative.
Problématique autour de la garde partagée.
Personne qui refoule ses émotions.

Situation désirée :
Aider un enfant à se prendre en main lors de l'absence plus ou moins longue d'une personne importante pour lui (père, mère, professeur, gardienne, etc.).

Quelque part sur les côtes du pôle Sud, dans le climat glacial de l'hémisphère austral, vit une colonie de manchots.

Comme vous le savez peut-être, le temps des amours attire toujours les manchots loin de la mer. C'est ainsi que sur une petite butte de neige, dans un nid de cailloux, un couple de manchots attend avec impatience la naissance de leur petit. Depuis deux mois, le père couve l'œuf patiemment sous le repli de son ventre comme le font tous les autres papas de la colonie.

Enfin! l'œuf se met à bouger. Après trois jours d'efforts pour briser la coquille, l'œuf finit par éclore. Gorfou est né!

Le froid glacial le surprend aussitôt. Il frissonne parce que son duvet n'est pas encore assez épais pour le protéger du climat antarctique. Sous le regard admiratif de ses parents, il se blottit près du ventre chaud et confortable de son père. Les parents de Gorfou sont très fiers de lui. À tour de rôle, ils le protègent, le nourrissent et jouent avec lui pendant les premières semaines de sa vie.

Mais voilà qu'un jour, rien ne va plus! Notre petite famille manque de nourriture, et le père de Gorfou doit partir pour pêcher des poissons et des fruits de mer dans l'eau glacée de l'océan Antarctique.

Gorfou est désemparé! Il ne veut pas que son père s'éloigne! Il se sent triste et ne comprend pas pourquoi il doit les quitter et aller si loin, près des banquises. «N'avons-nous pas encore quelques poissons et de bonnes crevettes à manger? se demande-t-il. Pourquoi papa ne veut-il pas m'emmener avec lui?»

Toutes ces questions se bousculent dans sa tête et il ne parvient plus à dormir. Même les belles crevettes que maman lui prépare ne semblent plus aussi appétissantes. Il refuse d'aller jouer avec ses copains qui se glissent sur la neige. Il ne pense qu'à l'absence prochaine de son père. Il se sent déjà seul.

Puis, c'est le jour du départ. Papa se lève tôt et prépare l'expédition avec les autres manchots de la colonie. «Déjà?» se dit Gorfou. Il est surpris que ce soit aujourd'hui le grand jour. Il regrette surtout de ne pas avoir su profiter des derniers moments avec son papa, afin de l'écouter raconter ses nombreuses histoires de chasse. Il voudrait pleurer et crier pour attirer son attention, mais il décide d'agir comme les grands! Refoulant ses larmes, il se tient très droit sur la glace, les ailes bien écartées, et regarde son père partir vers la mer.

Maintenant qu'il est seul avec sa mère sur sa colline enneigée, tout semble différent. Les journées lui paraissent plus longues. Sa maman aussi a changé. Elle semble plus triste et songeuse.

Mais, petit à petit, son minuscule monde s'illumine. Gorfou découvre qu'en se poussant à l'aide de ses ailes et de ses pieds, il peut glisser sur son ventre aussi vite que papa! Avec sa mère, il s'amuse à se propulser et à se glisser sur la glace des heures entières. Parfois, ils vont partager leur repas avec d'autres manchots de la colonie. Gorfou aime bien jouer avec d'autres petits manchots dont les parents sont partis en expédition. Il se sent soudain moins seul.

Oh! Il fait parfois de petites colères parce qu'il a peur que son papa ne revienne jamais. Mais il apaise vite ses peurs en pensant aux nouvelles histoires et aux poissons, de même qu'aux crevettes que son père a promis de lui rapporter. Il a confiance, car il sait que son père est un excellent nageur, et dans ses rêves, il l'imagine aussi doué sous l'eau qu'un acrobate sur ses trapèzes.

Un soir, sa maman lui confie, après avoir replacé les cailloux du nid en sa compagnie :

— J'ai reçu un message de l'oiseau pêcheur aujourd'hui. Papa revient demain.

— Déjà! dit Gorfou.

Et il est surpris que ce soit demain le grand jour. Alors il braie, croasse, barrit et roucoule en signe de plaisir.

Puis Gorfou s'endort près du ventre de sa maman, imaginant les banquises dont son papa lui a parlé avant son départ. Ils auront tant de choses à se raconter.

Question suggérée :
Pourriez-vous imaginer la première rencontre de Gorfou et de son papa?

Les quatre plumes douces

Sujet traité :
Culpabilité d'un parent devant retourner au travail ou devant placer ses enfants en garderie ou en famille d'accueil.

Situations désirées :
Déculpabiliser le parent ayant à confier ses enfants à une tierce personne.
Réaliser l'importance de couper «le cordon» avec ses enfants.

Il était une fois, dans une belle forêt enchantée, une famille de merles. Le papa étant parti, la maman vivait avec ses petits dans un nid perché sur la branche d'un chêne gigantesque. Pendant que les petits s'amusaient, la maman merle allait chercher des insectes dans les marécages, des bourgeons auprès des arbres, et elle puisait de l'eau au ruisseau. Elle ne ménageait aucun effort pour prendre bien soin de ses oisillons.

Or, au fil des jours et des semaines, la maman eut du mal à aller chercher aussi souvent de la nourriture pour ses petits, parce qu'elle ne se sentait pas toujours très bien. Plus le temps passait, moins elle avait l'énergie nécessaire pour subvenir aux besoins de ses oisillons.

Voyant qu'elle ne pouvait plus s'occuper de ses petits adéquatement, elle décida d'aller rencontrer le conseil des animaux à la clairière de la forêt enchantée. Plusieurs familles d'oiseaux s'y retrouvaient. On pouvait y voir le sage hibou, le prestigieux héron, l'aigle rapide et plusieurs autres. Alors, maman merle leur expliqua la situation. Le grand conseil proposa donc d'aider la maman.

Un appel auprès de plusieurs familles d'oiseaux fut fait afin d'accueillir les petits oisillons. Beaucoup de foyers auraient aimé héberger ces charmants bébés merles, mais seulement trois familles d'oiseaux furent choisies afin de recevoir dans leur nid ces petits comme faisant partie des leurs.

Avant le départ du nid, la maman merle remit à chacun de ses bébés une plume toute douce cueillie près de son cœur, en signe d'amour pour eux. Elle leur dit :

— Prenez cette plume, mes chers petits, et gardez-la précieusement. Lorsque vous aurez du chagrin, serrez-la très fort. Elle vous apportera douceur, chaleur et réconfort. Et n'oubliez surtout pas que même si nous nous voyons moins souvent, je vous aime tout autant!

Et là-dessus, elle partit.

De temps en temps, la maman merle rassemblait toutes ses énergies pour rendre visite à ses oisillons et voler avec eux. Entre ses visites, la maman merle avait toujours hâte de retourner voir ses petits bébés chéris. Lorsqu'elle retournait chez elle, la maman pensait beaucoup à ses petits merles, mais elle était bien rassurée de les voir si heureux, épanouis et en sécurité.

Questions suggérées :

Comment pensez-vous que les oisillons se sentaient dans leur nouvelle famille? Pourriez-vous imaginer les sentiments de la maman merle, face à cette nouvelle situation?

Germaine et le méchant dragon

Sujets traités:
Éducation sexiste.
Attentes personnelles de plusieurs parents face à leurs enfants ou à leur vie de couple.
Imposition de certains choix.

Situations désirées:
Donner la chance aux gens de s'exprimer.
Laisser le libre choix aux individus.
Resituer la place de la femme dans notre société.
Faire la promotion de l'égalité de l'homme et de la femme.
Encourager l'affirmation de soi.

Il y a bien des siècles, on pouvait voir, dans un pays très loin d'ici, un immense château entouré d'une imposante forteresse. C'est là qu'habitait la princesse Germaine, fille adorée du roi Christophe. Ce dernier considérait d'ailleurs sa fille comme le joyau de son royaume. Le rêve de ce grand roi était de trouver, pour sa perle unique, un riche chevalier, courageux et élégant, qui rendrait sa fille heureuse et la protégerait contre tous les dangers.

Dans le but d'être un jour présentable à l'élu choisi par le roi, la princesse devait, chaque jour, suivre différents enseignements sur la cuisine, le tricot, la couture, la broderie, le maintien, l'hygiène, la bienséance, la danse et l'art de jouer de la musique... Bref, elle devait, à son plus grand désespoir, apprendre comment devenir l'épouse parfaite.

Il faut indiquer par ailleurs que, depuis sa plus

tendre enfance, la princesse était plutôt attirée par les jeux de la lance et de l'épée. Elle aurait tellement aimé faire comme ses frères et s'amuser à combattre. Mais, malheureusement, son père lui interdisait de toucher à ces armes, qui n'étaient réservées qu'aux hommes.

Cependant, Germaine la princesse avait quelque peu désobéi à son père et, en secret, avait appris, avec facilité, le maniement des armes. Ainsi, elle maniait la lance, le glaive et l'épée d'une façon extraordinaire, et elle manipulait la fronde avec une précision remarquable.

On raconte même qu'un ninja lui avait appris en cachette le secret des arts martiaux, mais nul n'a jamais su si c'était vrai.

Un jour, un terrible dragon terrifia tout le royaume. Et personne ne parvenait à le détruire.

C'est alors que le roi convoqua tous les chevaliers du royaume et promit de donner la main de sa fille à celui qui lui apporterait le cœur et la tête du dragon.

Un soir, la princesse Germaine se rendit discrètement dans l'armurerie du château, y endossa la plus belle armure et, munie de la plus grosse épée, elle disparut dans la nuit...

Arrivée devant le dragon crachant le feu, elle enleva soudain son casque. Forte de ses techniques apprises, Germaine la chevalière déstabilisa le dragon et profita de cet instant pour lui couper la tête et lui arracher le cœur.

Elle remit immédiatement son casque afin de ne pas être reconnue.

La bonne nouvelle se répandit dans tout le royaume comme une traînée de poudre. Bientôt, le roi fut informé de l'événement. Il convoqua rapidement la cour afin d'accueillir dignement son nouveau gendre, et il fit porter à sa fille un message l'enjoignant de se rendre à la fête.

Pendant que les serviteurs cherchaient la princesse, elle était accueillie à l'entrée du château sous les acclamations de la foule et au son des trompettes.

Bientôt Germaine la princesse fit son entrée solennelle dans la grande salle, marcha sur le tapis rouge et déposa la tête et le cœur du dragon aux pieds du roi. Elle se releva et, sous les regards curieux et avides, elle enleva tout doucement son casque...

Quelle surprise! Qui aurait pu imaginer cela? Tous étaient ébahis et attendaient la réaction du roi, qui demeurait impassible. Puis, très lentement, il se leva de son trône, descendit vers sa fille, la prit par le bras et disparut à l'intérieur du château...

Question suggérée :

Quelle fut, d'après vous, la réaction du roi, et comment pensez-vous que cette histoire s'est terminée?

Roulis Roulant

Sujet traité :
Perte de contrôle de soi en situation de crise.

Situations désirées :
Apprendre à se contrôler et à trouver des alternatives à la violence. Vivre en harmonie avec soi et les autres.

Deux chiens savants vivaient dans un cirque aux États-Unis. Ils étaient très appréciés de ceux qui les entouraient, et certains les enviaient même un peu d'avoir si bien réussi. Ils étaient installés dans un endroit agréable et ne manquaient de rien. Ils s'aimaient beaucoup, et, la plupart du temps, ils se sentaient heureux et bien ensemble.

Cependant, les deux chiens se disputaient parfois, car Roulis, le fils, n'acceptait pas toujours les remarques de son père Roulant, qu'il considérait d'ailleurs un peu croulant. Et de son côté, Roulant n'était pas toujours d'accord avec les agissements de son fils.

Il faut dire que Roulis avait une sœur qui étudiait dans une école de cirque en Europe. Il était un peu jaloux d'elle, car son père y consacrait beaucoup d'énergie et de sous.

Un jour, une querelle terrible éclata entre les deux chiens. La tension monta graduellement, et les échanges verbaux devinrent de plus en plus amers, agressifs et violents. Tout à coup, Roulant, incapable de se contrôler, assena un coup de patte d'une violence inouïe à la tête de Roulis et lui griffa brutalement le visage. Sous le coup de la douleur et de la colère, Roulis perdit son sang-froid à son tour et répliqua en arrachant, de ses griffes, l'œil droit de son père. Puis il s'évanouit...

Ni l'un ni l'autre n'avait l'intention d'agir ainsi, mais l'irréparable s'était produit et la fatalité avait parlé : «Adieu, la popularité de Roulis! Adieu, la carrière de Roulant!»

Reposant dans deux chambres voisines à l'hôpital pour chiens, ils savaient bien l'un et l'autre que, même s'ils s'aimaient beaucoup, ils ne pourraient plus jamais revivre ensemble.

La nuit suivante, une lueur blanche apparut soudain sur le mur mitoyen des deux chambres, et les deux chiens furent très étonnés d'y voir apparaître le visage doux et aimé du père adoré de Roulant, décédé quelque temps plus tôt. Le grand-papa de Roulis leur dit qu'il était très malheureux de voir ce qui leur était arrivé mais que, de là où il était, il avait le pouvoir d'accomplir un miracle en faisant, pour eux, un retour dans le temps de vingt-quatre heures. Cependant ils devaient promettre tous les deux d'apprendre à maîtriser leur agressivité et à contrôler leur colère.

Naturellement, Roulis et Roulant acceptèrent sans hésiter et avec beaucoup de reconnaissance...

Nos deux amis se retrouvèrent donc instantanément le jour précédent, au moment où avait éclaté la dispute. Cette fois, Roulis préféra plutôt se retirer dans son coin secret pour écouter de la musique pendant un moment avant de revenir discuter plus calmement avec Roulant et d'en arriver à un compromis acceptable.

Depuis ce temps, lorsque quelques rares conflits éclatent, Roulant regagne sa chambre pour y méditer ou s'en va à l'extérieur, tandis que Roulis préfère toujours sa musique ou une course en plein air. Chacun est maintenant très fier de lui, et cette expérience a fait grandir encore plus l'amour qu'ils avaient l'un pour l'autre.

Question suggérée :
Auriez-vous d'autres moyens à suggérer à Roulis ou à Roulant afin de faire baisser la pression et, ainsi, éviter qu'ils commettent des gestes irrémédiables?

La cage en or

Sujets traités :
Jalousie dans le couple.
Violence familiale.

Situations désirées :
Aider l'individu à s'affirmer dans une relation dominé(e)-dominant(e).
Privilégier le dialogue comme outil de communication dans une relation entre deux personnes.
Apprendre à pardonner.

Il était une fois un prince nommé Thimotée, qui construisit une tour dorée pour sa bien-aimée, la princesse Sabina. Ce nid d'amour fut érigé selon les goûts du couple. La princesse était heureuse, au début, d'y vivre avec son prince charmant.

Mais, comme le prince exigeait énormément de la princesse, elle se sentit bientôt à l'étroit dans cet univers restreint. Elle aurait bien aimé continuer de visiter ses amis et ses proches, mais les quelques fois que cela s'était produit, le prince était entré dans une colère terrible.

Comme elle n'avait rien fait de mal, elle n'y comprenait goutte. Avec le temps, la malheureuse princesse s'était enfermée dans un mutisme résigné et inquiet.

Non loin de là, dans un château voisin, habitait, avec toute sa famille, le prince Octavio, copain d'enfance de Sabina. Un jour, les proches d'Octavio invitèrent la princesse à une grande fête champêtre où tous ses anciens amis devaient être présents.

Sabina aurait bien aimé participer à la réception, mais elle hésitait à accepter l'invitation, car elle savait que le prince n'appréciait guère ce genre de divertissement. Elle songea même à y aller seule. À la vérité, cette fête la tentait beaucoup. Mais elle n'arrivait pas à prendre une décision. Les tourments de Sabina étaient tels qu'elle fut envahie par une grande tristesse. Elle craignait vraiment la réaction du prince, si elle participait aux activités. Allait-il commettre des actes violents? La questionnerait-il? Lui demanderait-il de partir? Autant de questions qu'elle se posait, et bien d'autres encore, lorsque, soudain, un magnifique rossignol, qui connaissait toutes les intrigues du pays, vint se poser délicatement sur son balcon. Sans détour, l'oiseau lui suggéra de se permettre de revoir ses amis et de se donner le droit à ce plaisir.

La princesse se présenta donc à la fête et savoura avec joie chacun de ces instants privilégiés vécus avec ses amis.

À son retour, la réserve et la froideur du prince furent à la mesure de ce que la princesse avait appréhendé. Alors, en femme coupable, la princesse s'enferma dans sa tour d'ivoire...

Heureusement, le rossignol se posa cette nuit-là sur la lucarne de la chambre du prince... Au matin, le prince Thimotée vint solliciter le pardon de Sabina, et un dialogue très animé et constructif s'engagea entre les deux amants.

Quelque temps plus tard, on revit cette étincelle briller dans les yeux du prince et de la princesse, qui avaient, chacun de son côté, cheminé positivement à travers cette épreuve.[87]

Question suggérée :
Quel fut, d'après vous, le contenu de la rencontre entre le rossignol et le prince au cours de cette nuit mémorable?

Le courrier du cœur

Sujets traités :
Conflits à l'intérieur d'un couple.
Difficultés qu'ont certaines personnes à exprimer ce qu'elles vivent et ce qu'elles ressentent.

Situations désirées :
Aider certains couples à réorienter leur relation.
Privilégier le dialogue comme moyen de communication dans le couple.
Exprimer davantage ses sentiments et ses émotions.

Il était une fois, dans un pays très loin d'ici, une femme qui n'avait pas le cœur très léger, même si, autour d'elle, elle reflétait la bonne humeur, la joie de vivre et la prospérité. Certains lui en voulaient même de cette situation privilégiée.

Parfois, cependant, elle se sentait bien seule... Et elle parlait très peu d'elle et de ce qu'elle vivait. «À quoi bon! se disait-elle. Qui cela peut-il intéresser?»

Depuis longtemps, elle côtoyait un homme très important pour elle, mais avec le temps, leur complicité s'était peu à peu transformée en une sorte de mutisme, et notre amie ne parvenait plus à communiquer avec lui comme elle le voulait. Pour toutes sortes de raisons, elle n'arrivait plus à lui exprimer ce qu'elle ressentait. Peu à peu, la magie de leur relation s'était évanouie.

À maintes reprises, elle avait essayé d'exprimer ce qu'elle vivait, mais elle avait l'impression de ne pas se sentir écoutée, ou plutôt, que ses idées n'étaient pas très bien accueillies. D'ailleurs, elle comprenait bien que ses petits problèmes étaient des bagatelles comparés aux épreuves que son copain devait traverser.

Alors, elle avait laissé tomber, elle avait laissé filer... Et un mur s'était peu à peu érigé entre eux.

Cherchant une solution pour s'en sortir, elle eut l'idée un jour de placer une annonce dans le courrier du cœur.

L'annonce était rédigée comme suit : «Femme d'apparence agréable, intelligente, cultivée, emploi stable, belles manières, autonome, douce, gentille, sensible, affectueuse, un peu délinquante, aimant les soupers intimes, les atmosphères sensuelles, les voyages, les balades, ayant un bon sens de l'humour et pratiquant différents sports, désire rencontrer un complice, autonome, débrouillard, rieur, aimant s'amuser, ayant à peu près des goûts similaires aux miens. Cette relation devrait être basée sur le respect de l'autre et la confiance mutuelle. But : se connaître, se sentir bien ensemble et puis, on ne sait jamais...»

Avant de faire publier l'annonce, notre amie décida cependant de la présenter à son copain, qui perçut leur relation sous un angle différent et analysa sa façon de voir les choses. On raconte que, peu de temps après, son copain rédigea lui aussi une annonce et la lui présenta.

Un dialogue très fructueux s'engagea alors entre les deux tourtereaux, et on imagine bien ce qui se passa par la suite...

Question suggérée :

Et vous, comment auriez-vous rédigé votre annonce?

Nestor et Anabelle

Sujets traités:
Culpabilité des gens face au placement en institution d'un de leurs proches.
Difficulté d'accepter de vieillir sereinement et de perdre sa vitalité.
Non-acceptation d'être placé dans une résidence pour personnes en perte d'autonomie.

Situations désirées:
Accepter les différents passages de la vie.
Se déculpabiliser face aux personnes qu'on doit placer en résidence et à qui l'on veut du bien.
Envisager sereinement le fait d'aller demeurer dans une résidence pour personnes en perte d'autonomie.

Nestor et Anabelle étaient un couple de castors qui habitaient une forêt merveilleuse, où coulait une rivière des plus limpides. Depuis bien des lunes, nos deux complices y vivaient heureux. Ils s'affairaient quotidiennement à courir les bois à la recherche d'arbres, de branches et de brindilles, pour construire leur nouveau barrage.

Mais voici qu'un jour une succession d'événements vint assombrir leur petit bonheur. Nestor, le travailleur acharné et amoureux des bois, fut victime d'un malheureux accident. Alors que l'arbre énorme que Nestor venait de ronger s'apprêtait à tomber, notre ami perdit l'équilibre et glissa dans la boue. Sa queue fut écrasée sous l'arbre. Anabelle, témoin de l'accident, courut à son secours, mais le mal était fait.

Tous les sorciers de la forêt, qui auscultèrent maître castor ce jour-là et les jours suivants, étaient unanimes: Nestor ne pourrait jamais plus abattre d'arbres ni même se déplacer facilement. «Mais, que vais-je devenir? songea Nestor. Je serai un fardeau pour Anabelle et mes amis les animaux!»

Dès ce moment et sans hésiter, Anabelle prit sur elle de s'occuper de son compagnon de vie avec amour et tendresse, en lui apportant ses repas, en l'aidant à se déplacer et en veillant à tous ses besoins. Peu à peu, la vieillesse commença toutefois à se faire sentir. Nestor était de plus en plus difficile à déplacer et Anabelle avait de moins en moins de forces.

Vint le moment de prendre une grande décision. Nestor dut se rendre à l'évidence qu'il était temps de rejoindre les autres castors de la colonie qui, comme lui, avaient perdu des forces.

Le couple profita de la route pour discuter de cette nouvelle vie qui les attendait. Nestor rencontrerait de nouveaux amis et pourrait faire des activités appropriées à ses capacités. Anabelle prendrait un peu de repos, lui rendrait visite régulièrement, tout en poursuivant sa course à travers les bois à la recherche de rivières pour y construire encore quelques barrages.

Malgré ses bonnes intentions, Nestor avait le cœur plein de tristesse à l'idée de vivre séparé de sa femme, de sa famille et de ne plus courir la forêt. De son côté, Anabelle avait le cœur rongé de culpabilité à l'idée d'abandonner son mari.

Tout à coup, nos deux amis entendirent un murmure derrière eux. Ils se retournèrent et virent apparaître Érablo, le dieu des bois. À vrai dire, Érablo était là depuis le début du trajet et avait écouté leur conversation. Reconnu pour sa sagesse et ses bons conseils, Érablo leur parla ainsi :

— Bonjour, chers amis! Je sens vos cœurs déchirés! Que d'épreuves vous avez eues à traverser! Je comprends que vous soyez tristes à l'idée de vous séparer. Courage! Plusieurs petits bonheurs vous attendent encore... Tu verras, Nestor, à la colonie, tu te sentiras moins seul, car d'autres castors vivent là-bas, avec des problèmes semblables aux tiens. Et toi, Anabelle, tu en as beaucoup fait pour Nestor. Il est normal que tu aies besoin de te reposer et de prendre soin de toi. Tu vas demeurer près de lui, tu viendras souvent lui rendre visite. Alors, vous ne serez pas tout à fait séparés. Vous êtes des gens courageux! Vous pouvez encore traverser cette étape. Tout au long de votre vie, vous avez vécu toutes sortes de difficultés et, grâce à votre optimisme et à votre détermination, vous avez su vous servir de ces épreuves pour grandir à travers elles. Je suis sûr qu'il en sera de même pour celle-ci.

Après cette rencontre, c'est le cœur plus léger et le sourire aux lèvres que nos deux amis se dirigèrent vers la grande colonie.

Question suggérée:
Pourriez-vous imaginer la suite et la fin de cette histoire?

Donald Doc au pays des canards

Sujet traité :
Déstabilisation suite à l'hébergement d'un des nôtres dans une maison spécialisée (centre d'accueil, maison de désintoxication, hôpital, foyer protégé, etc.).

Situations désirées :
Apprendre à faire confiance aux intervenants qui s'occupent de nos proches.
Se déculpabiliser lorsque vient le temps de placer un être cher en hébergement dans une maison spécialisée.
Se donner du temps pour accepter et s'adapter à une situation nouvelle.

Certains d'entre vous ont peut-être entendu parler de l'archipel de Samsara, situé quelque part dans l'océan Pacifique, à mi-chemin entre la froidure du nord et la chaleur de l'équateur. On raconte que l'une de ses îles abrite la plupart des canards qui ne peuvent, à cause de leur état, suivre les autres dans leur migration annuelle. Ce sont ces canards boiteux, canards blessés, canards fatigués ou épuisés, canards vieillissants, qui nécessitent une attention particulière.

Sur cette île, appelée Monkarma, tout est donc organisé en fonction de ces palmipèdes démunis, et plusieurs canards adultes, experts dans des domaines variés, sont sollicités pour s'occuper d'eux.

Naturellement, lorsqu'une famille vient confier l'un des leurs aux bons soins de ces spécialistes, on s'attend, la plupart du temps, à ce qu'ils fassent presque des miracles. On leur demande de bien soigner les pensionnaires, de leur dispenser des traitements particuliers et de leur accorder le maximum d'attention. On exige même quelquefois de ces spécialistes qu'ils s'abstiennent d'administrer les potions soulageantes, bien souvent nécessaires à l'amélioration, au bien-être et à la sécurité de leur protégé. En effet, on pense que les doses pourraient être exagérées, voire mal administrées. Si bien que les exigences souvent irréalistes de ces canards pleins de bonne volonté créent une pression indue sur les spécialistes.

Il faut dire que, par contre, depuis un certain temps et pour toutes sortes de raisons, il y a de moins en moins de canards disponibles pour s'occuper de tous ces canards en détresse. À l'inverse, malheureusement, le nombre de cas augmente sans cesse.

Il est bien certain que les membres de la famille font des visites régulières et se soucient que tout soit adéquat. Mais ils sont souvent déçus de voir leurs proches évoluer si lentement ou parfois se détériorer à un rythme très rapide. Et, chagrinés, ils ne peuvent s'empêcher de penser à ces oiseaux qui, jadis, étaient tellement dynamiques.

Un jour, on organisa une grande fête sur l'île de Monkarma, et l'invité surprise était nul autre que le grand Donald Doc.

Dès son arrivée, Donald Doc perçut le climat de tension et d'insatisfaction qui se lisait sur les visages de ceux qui séjournaient sur l'île autant que sur les visages de leurs visiteurs.

Donald Doc, très triste de la situation et voyant bien que les canards ne savaient plus trop comment s'en sortir, demanda qu'on lui apporte une écorce de bouleau et de l'encre. Puis il arracha la plus belle plume de sa magnifique queue et se mit à écrire sur le document...

Lorsqu'il eut terminé, il prit le parchemin, le fixa sur l'arbre le plus gigantesque de l'île et disparut tout doucement dans la nuit.

[On pourrait, ici, prendre un temps d'arrêt pour imaginer ou faire imaginer la fin de cette histoire.]

Dès l'aube, tous se ruèrent pour y lire le message qui disait ceci :

À tous mes amis. Voici quelques règles de croissance et d'harmonie :

1. *Soyez réalistes face au défi que vous devez affronter et respectez le rythme du cheminement de chacun.*

2. *Il est important de laisser aux canards un certain temps pour s'adapter à un nouvel environnement et accepter une situation plus ou moins désirée.*

3. *Devant ces événements de la vie, rien ne sert de chercher des coupables. Travaillez plutôt au bien-être de tous et de chacun.*

4. *Faites confiance aux canards spécialistes, car ils connaissent les secrets de l'efficacité de leurs méthodes.*

SOYEZ HEUREUX!

Donald Doc

On raconte que bien des canards prirent connaissance du manuscrit de Donald Doc et que l'atmosphère changea du tout au tout sur l'île de Monkarma.

Question suggérée :
Pourriez-vous décrire le changement qui en résulta?

Conclusion

Tout au long de votre vie, vous avez appris des choses, en transmettant ces connaissances à votre mental inconscient et en utilisant, automatiquement, les résultats de ces apprentissages.

MILTON H. ERICKSON

Lorsqu'on lit ou on écoute une allégorie, un film se déroule dans notre tête. On imagine un scénario dont les personnages de l'histoire sont identifiés aux gens qui nous entourent. Et les péripéties sont associées aux événements de notre vie.

Naturellement, il n'y a pas d'images lumineuses et de sons électroniques, mais l'interaction crée la réalité virtuelle unique à notre propre imaginaire. Le récit devient un passeport pour notre monde intérieur.

Le processus est enclenché. Si vous vous faites confiance, agissez au bon moment et, selon le dosage approprié, les transformations se feront sûrement sentir.

Savoir, savoir faire et savoir être. Voilà trois concepts magiques que vous pouvez maintenant appliquer au monde des allégories. Vous **savez** maintenant comment **faire** pour **être** bien dans votre peau et aider les autres à s'épanouir pleinement.

C'est un outil parmi tant d'autres, bien sûr, mais combiné, au besoin, avec d'autres approches, il donnera des résultats très positifs qui vous encourageront, je le souhaite, à utiliser de plus en plus cette technique extraordinaire visant la croissance et l'harmonie intérieures.

Mon souhait, c'est que ces allégories, que j'offre à chacune et chacun d'entre vous, vous servent personnellement d'abord, mais apportent aussi un support particulier à vos enfants, votre conjoint(e), vos parents, vos amis, vos proches, vos élèves, vos clients, vos patients, vos patrons, vos employés, vos collègues, bref à tous ceux qui vous côtoient.

En terminant, je laisse le mot de la fin à C. Collins : «Raconter des histoires vous donne le pouvoir de transmettre ce que vous savez par la voie la plus enrichissante qui soit, d'exprimer votre amour, votre tendresse, votre générosité, votre espoir, votre science, votre compréhension, votre expérience, de la manière la plus savoureuse qui soit. [...] Raconter des histoires deviendra aussi le moyen d'exprimer la liberté, la créativité, l'espièglerie qui sommeillent en vous.»[88]

Notes

1. B. Piettre, Platon, *La république*, livre VII, Paris, Éditions Fernand Nathan, 1981, p. 41.

2. M. Kérouac, *La métaphore thérapeutique et ses contes*, North Hatley, (Québec), MKR Éditions, 1996, p. 36.

3. A. Lefebvre, *Du réel et de l'imaginaire dans l'éducation*, Montréal, Guérin, 1972, p. 30.

4. M.-L. von Franz, *La femme dans les contes de fées*, Paris, Éditions Albin Michel, 1993, p. 7.

5. D. Gordon, Therapeutic Metaphors, Cupertino, Californie, Meta Publication, 1978, p. 7.

6. J. de Saint Paul et S. Tenenbaum, *L'esprit de la magie*, Paris, InterÉditions, 1995, p. 210.

7. M. Girard, *Les symboles dans la Bible*, Montréal, Éditions Bellarmin, 1991, p. 51.

8. Ibid., p. 51.

9. L. V. Williams, *Deux cerveaux pour apprendre*, Paris, Les Éditions d'organisation, 1993, p. 91.

10. J. C. Mills, J. Crowley, *Métaphores thérapeutiques pour enfants*, Paris, Hommes et Perspectives, Desclée de Brouwer, 1995, p. 49.

11. L. V. Williams, op. cit., p. 91.

12. J. A. Malarewicz et J. Godin, *Milton H. Erickson, de l'hypnose clinique à la psychothérapie stratégique*, Paris, Les Éditions EFS, 1986, p. 58.

13. C. G. Jung, *Essai d'exploration de l'inconscient*, Paris, Les Éditions Robert Laffont, 1964, p. 61.

14. R. Bandler et J. Grinder, *Les secrets de la Communication*, Montréal, Éditions du Jour, 1982, p. 253.

15. M. de Gramont, «Qu'est-ce qui fait carburer Jacques Salomé?», Revue Guide Ressources, Montréal, octobre 1995, p. 24.

16. S. Rosen, *Ma voix t'accompagnera*, Paris, Hommes et Groupes, 1986, p. 19.

17. J. Monbourquette, *Les allégories thérapeutiques*, Ottawa, Université Saint-Paul, 1984, p. 28.

18. L. V. Williams, op. cit., p. 45.

19. C. G. Jung, op. cit., p. 74.

20. A. Muchielli, *L'analyse formelle des rêves et des récits d'imagination*, Paris, P.U.F., 1993, p. 43.

21. G. Corneau, *L'amour en guerre*, Montréal, Éditions de l'Homme, 1996, p. 66.

22. M.-L. von Franz, op. cit., p.24.

23. J.C. Mills, R.J. Crowley, op. cit., p. 38.

24. M. de Gramont, op. cit., p. 21.

25. J. Monbourquette, op. cit., p. 18.

26. J. C. Mills, R. J. Crowley, op. cit., p. 92.

27. S. Rosen, op. cit., p. 45.

28. S. Locas-Cham, «Menu mental», dans la revue Ressources (le Journal de la Programmation neurolinguistique québécoise), été 1993, vol. 5, no 2, p. 9.

29. J. C. Mills, R. J. Crowley, op. cit., p. 28.

30. M. Planque, *L'enfant et l'imaginaire,* Paris, Éditions M. Planque, 1995, p. 12.

31. G. Jean, *Le pouvoir des contes*, Paris, Casterman, 1996, p. 14.

32. C. Collins, *Raconte-moi une histoire*, Paris, Éditions Robert Laffont, 1994, p. 116.

33. L. Boulay, *Magie du conte, ses rythmes, sa dynamique*, Paris, Éditions A. Collin, 1992, p. 4.

34. C. Plante, *Raconte-moi les règles de vie*, Québec, Les Éditions Septembre, 1996, p. 14.

35. J. de Saint Paul et S. Tenenbaum, op. cit., p. 211.

36. M. Kérouac, op. cit., p. 27.

37. E. Fugitt, *C'est lui qui a commencé le premier,* Québec, Centre d'intégration de la personne, 1984, p. 16.

38. C. Collins, op. cit., p. 48.

39. M. Dufour, *Allégories pour guérir et grandir,* Chicoutimi, Éditions JCL, 1993, p. 121.

40. Ibid., p. 90.

41. Ibid., p. 134.

42. Ibid., p. 182.

43. Ibid., p. 204.

44. Ibid., p. 33.

45. Ibid., p. 149.

46. Ibid., p. 35.

47. Ibid., p. 79.

48. Ibid., p. 178.

49. Ibid., p. 175.

50. S. Drapeau, «Au pays de la trisomie 21», Revue Convergence, vol. 1, no 2, automne 1995, p. 3.

51. S. Cham, *La petite louve blessée*, Gatineau, Éditions S. Cham, 1991, préface.

52. M. Kérouac, op. cit., p. 129.

53. B. Duborgel, *Imaginaire et pédagogie*, Toulouse, Éditions Privat, 1992, p. 55.

54. L. V. Williams, op. cit., p. 186.

55. Ce récit a été écrit en collaboration avec Eddy Dumoulin.

56. M. Gassel, *Des histoires pour apprendre*, Bruxelles, Éditions Savoir pour Être, 1994, p. 94.

57. J. C. Mills et R. J. Crowley, op. cit., p. 92.

58. J. de Saint Paul et S. Tenenbaum, op. cit., p. 217.

59. A. Robbins, *Pouvoir illimité*, Paris, Éditions Robert Laffont, 1989, p. 237.

60. J. C. Mills et R. J. Crowley, op. cit., p. 172.

61. Ibid., p. 135.

62. C. Plante, op. cit., p. 15.

63. D. Thériault, *Le mal des mots,* Montréal, Éditions de l'Homme, 1988, p. 70.

64. M. Gosselin, S. Roberge-Blanchet, L. Trottier, C. Guérette, «Rencontre avec des porteuses de la parole du conte», Vie Pédagogique, novembre-décembre 1996, p. 48.

65. J. Caron, *Quand revient septembre*, vol. 2, Montréal, Éditions de la Chenelière, 1997, pp. 79 à 95.

66. C. Collins, op. cit., p. 122.

67. M. Kérouac, op. cit., p. 29.

68. J. Monbourquette, op. cit., p. 10.

69. J. de Saint Paul et S. Tenenbaum, op. cit., p. 217.

70. S. Roberge-Blanchet, M. Gosselin, L. Trottier, C. Guérette, op. cit., p. 48.

71. B. Bettelheim, *Psychanalyse des contes de fées*, Paris, Éditions Robert Laffont, 1976, p. 196.

72. C. Collins, op. cit., pp. 62, 115, 120.

73. S. Rosen, op. cit., p. 210.

74. J. Sams et D. Carson, *Les cartes-médecine, découvrir son animal-totem*, Amrita Éditions, 1994, p. 54.

75. Avec la participation de Réjeane Gilbert et de Rachel Vaillancourt.

76. Avec la participation de Laval Tremblay et de Richard Tremblay.

77. Avec la participation de Denise Harvey.

78. L'idée de cette allégorie est tirée de l'approche Réflecto de Pierre-Paul Gagné.

79. Avec la participation de Rolland Daigle, Denise Thériault et de Reinelde Thériault.

80. Avec la participation de Denise Leblanc.

81. Avec la participation de Doris Desbiens.

82. Avec la participation de Nathalie Beaupré et de Marthe Vaillancourt.

83. Avec la participation d'Anne-Marie Minier

84. Avec la participation de Nicole Boulianne.

85. Avec la participation de Jacinthe Gagné.

86. Avec la participation d'Andrée Deschênes et de Richard Claveau.

87. Avec la participation de Mercédès Gravel et de Charles-Roland Simard.

88. C. Collins, op. cit., p. 7.

Collaborateurs

Isabelle Aubé, Serge Aubut, Louise Beaudoin, Carmen Bergeron, Raymonde Bergeron, Rose-Hélène Bergeron, Nathalie Bernier, Diane Bilodeau, Thérèse Bilodeau, Sonia Blouin, Marie-Claude Boily, Claire Boivin, Simone Bolduc, Cathy Boulianne, Caroline Bourgeois, Claude Bourgeois, Justine Boutin, Sr Cécile Brouillette, Louis Buisson, Sylvain Caron, Eddy Charron, Claude Chrétien, Gertrude Corneau, François Cossette, Claire Côté, Régis Côté, Sonia Coudé, Myriam Danis, Anne-Marie D'Anjou, Dalia De Champlain, Sr Angèle Desaulniers, Lucie Desrosiers, Caroline Dion, Sr Marie-Berthe Doucet, Murielle M. Drolet, Dominique Duchesne, Sandra Dufour, Nathalie Fillion, Brigitte Fontaine, Maryse Fouquette, Cécile Gagnon, Christiane Gagnon, Jean-Pierre Gagnon, Michel Gagnon, Guylaine Gagné, Mireille Gauthier, Nancy Gauthier, Sr Monique Gélinas, Normand Genest, Sr Monique Gervais, Jeanne d'Arc Gilbert, Karine Godin-Tremblay, France Gravel, Lucie Gravel, Isabelle Grenier, Marlène Guay, Sarah Harvey, Brigitte L. Hammond, Laurette Houde, Sr Suzanne Hubert, Mireille Imbeault, Sandra Jacques, Claire Jean, Sylvie Jean, Simone Kearman, Dollard Laberge, Danielle Lacombe, Sr Madeleine Lacombe, Yves Lambert, Catherine Larouche, Jacques Larouche, Julie Lavoie, Hélène Leblanc, Linda Leblanc, Manon Leblanc, Annie Lemay, Martine Lemay, Nancy Lemieux, Denise Lepage, Line Levasseur, Caty Levert, Diane Lussier, Francyne Marcotte, Nathalie Munger, Ginette Naud, Jean Paquet, Cécile Paul, Sandra Perron, Jeannine Pelissier, France Pelissier, Jean-Rock Pellicelli, Serge Perreault, Denise Pineault, Guylaine Pinel, Hélène Quirion, Rose-Ange Renaud, Michel Rioux, Sandra Rivard, Sylvie Rivard, Nicole Savard, Julie Simard, Mona Simard, Valérie St-Pierre, Claude Tardif, Maryse Thériault, Yolande Toutant, Ghislain Tremblay, Janice Tremblay, Lise Tremblay, Manon Tremblay, Sr Lucille Trépanier, Richard Vaillancourt, Martin Vézina, Josée Villeneuve.

Bibliographie

AUGER, Lucien, *Communication et épanouissement personnel*, Montréal, Éditions de l'Homme, 1972.

BANDLER, Richard et John GRINDER, *Les secrets de la communication*, Montréal, Éditions du Jour, 1982.

BERGERON, Bertrand, *Il était quatre fois*, Chicoutimi, Éditions JCL, 1996.

BETTELHEIM, Bruno, *Psychanalyse des contes de fées*, Paris, Éditions Robert Laffont, 1976.

BOULAY, Lily, *Magie du conte: ses rythmes, sa dynamique*, Paris, Éditions A. Colin, 1992.

BRABANT, Danielle, «Formule magique», dans la revue Guide Ressources, janvier-février 1994.

CHAM, Serge, *La petite louve blessée*, Gatineau, Éditions Serge Cham, 1991.

CAMES, Gérard, *Allégories et Symboles dans l'Hortus deliciarum*, Leiden, Netherlands, E.J. Brill, 1971.

CARON, Jacqueline, *Quand revient septembre, volume 2*, Montréal, Les Éditions de la Chenelière, 1997.

CAYROL, Alain, et Josiane DE SAINT PAUL, *Derrière la magie, la programmation neuro-linguistique*, Paris, InterÉditions, 1984.

CHATEAU, Jean, *Les sources de l'imaginaire*, Paris, Éditions Universitaires, 1972.

CHEVALIER, Jean et Alain GHEERBRANT, *Dictionnaire des symboles*, Paris, Robert Laffont/Jupiter, 1982.

CLÉMENT, Jocelyne, *L'imagerie mentale*, Sherbrooke, Les Éditions du IIIe millénaire, 1991.

COLLINS, Chase, *Raconte-moi une histoire*, Paris, Robert Laffont, 1994.

CORNEAU, Guy, *L'amour en guerre*, Montréal, Éditions de l'Homme, 1996.

DE GRAMONT, Monique, «Qu'est-ce qui fait carburer Jacques Salomé?» dans la revue Guide Ressources, septembre 1995.

DE SAINT PAUL, Josiane, *Choisir sa vie*, Paris, InterÉditions, 1994.

DE SAINT PAUL, Josiane et Sylvie TENENBAUM, *L'esprit de la magie*, Paris, InterÉditions, 1995.

DUBORGEL, Bruno, *Imaginaire et pédagogie*, Toulouse, Éditions Privat, 1992.

DUFOUR, Michel, *Allégories pour guérir et grandir*, Chicoutimi, Éditions JCL, 1993.

DURAND, Gilbert, *L'imagination symbolique*, Paris. P.U.F., 1968.

ELFIKI, Ibrahim, *Top vendeur*, Montréal, Les éditions Transcontinentales, 1993.

FRANZ, Marie-Louise von, *La femme dans les contes de fées*, Paris, Éditions Albin Michel, 1993.

FUGITT, Eva D., *C'est lui qui a commencé le premier*, Québec, Centre d'intégration de la personne, 1986.

GASSEL, Marianne, *Des histoires pour apprendre*, Bruxelles, Éditions Savoir pour Être, 1994.

GIBRAN, Khalil, *Le prophète*, Paris, Le Livre de poche, 1993.

GIBRAN, Khalil, *Les trésors de la sagesse*, Montréal, Presses Sélect ltée, 1979.

GIRARD, Marc, *Les symboles dans la Bible*, Montréal, Éditions Bellarmin, 1991.

GORDON, David, *Therapeutic Metaphors*, Cupertino, Californie, Meta Publications, 1978.

GUILBERT, Lucille, *La ruse dans les contes d'animaux et dans le Roman de Renart*, Thèse de Ph. D., Québec, Université Laval, 1982.

HALEY, Jay, *Un thérapeute hors du commun, Milton H. Erickson*, Paris, Éditions Épi, 1984.

JACQUARD, Albert, *Abécédaire de l'ambiguïté*, Paris, Éditions du Seuil, 1989.

JACQUARD, Albert, *Éloge de la différence*, Paris, Éditions du Seuil, 1978.

JEAN, Georges, *Le pouvoir des contes*, Paris, Casterman, 1992.

JUNG, Carl-Gustave, *Essai d'exploration de l'inconscient*, Paris, Éditions Robert Laffont, 1964.

KÉROUAC, Michel, *La métaphore thérapeutique et ses contes*, North Hatley (Québec), MKR Éditions, 1996.

LAPOINTE, Manon et Johanne ROY, *Les fées au pays de l'assuétude*, Bagotville, Centre Multi-services BFC, 1995.

LEFEBVRE, André, *Du réel et de l'imaginaire dans l'éducation*, Montréal, Guérin, 1972.

LIEKENS, Paul, *Reprogrammer l'inconscient*, Genève, Éditions Vivez Soleil, 1995.

MALAREWICZ, J. A. et J. GODIN, *Milton H. Erickson, de l'hypnose clinique à la psychothérapie stratégique*, Paris, Les Éditions ESF, 1986.

MALRIEU, Philippe, *La construction de l'imaginaire*, Bruxelles, Charles Dessart Éditeur, 1967.

MAN, Paul de, *Allégories de la lecture*, Paris, Nietzsche, Rilke et Proust, 1989.

MILLS, Joyce C. et Richard J. CROWLEY, *Métaphores thérapeutiques pour enfants*, Paris, Homme et Perspectives, Desclée de Brouwer, 1995.

MONBOURQUETTE, Jean, *L'ABC de la communication familiale*, Outremont, Novalis, 1993.

MONBOURQUETTE, Jean, *Les allégories thérapeutiques*, Ottawa, Université Saint-Paul, 1984.

MONBOURQUETTE, Jean, Myrna LADOUCEUR et Jacqueline DESJARDINS-PROULX, *Je suis aimable, je suis capable*, Outremont, Novalis, 1996.

MUCCHIELLI, Alex, *L'analyse formelle des rêves et des récits d'imagination*, Paris, P.U.F. 1993.

PHILIPP, Marie-Gabrielle, *Dis, raconte-nous*, Paris, Belc, 1986.

PIETTRE, Bernard, *Platon, La République,* livre VII, Paris, Éditions Fernand Nathan, 1981.

PLANQUE, Michel, *L'enfant et l'imaginaire*, Paris, Éditions M. Planque, 1995.

PLANTE, Charlotte, *Raconte-moi les règles de vie*, Québec, Les Éditions Septembre, 1996.

PONT, Héraclide du, *Allégories d'Homère*, Texte établi et traduit par Félix Buffière, Paris, Société d'Édition «Les Belles Lettres», 1962.

ROBBINS, Anthony, *L'éveil de votre puissance intérieure*, Montréal, Éditions du Jour, 1993.

ROBBINS, Anthony, *Pouvoir illimité*, Paris, Éditions Robert Laffont, 1989.

ROSEN, Sydney, *Ma voix t'accompagnera*, Paris, Hommes et Groupes Éditeurs, 1986

SALOMÉ, Jacques, *Aimer et se le dire*, Montréal, Éditions de l'Homme, 1993.

SALOMÉ, Jacques, *Contes à guérir, contes à grandir*, Paris, Éditions Albin Michel, 1993.

SAMS, Jamie et CARSON, David, *Les cartes-médecine*, Piazoc, Amrita Éditions, 1994.

THÉRIAULT, Denise, *Le mal des mots*, Montréal, Éditions de l'Homme, 1988.

WATZLAWICK, Paul, *Le langage du changement, éléments de communication thérapeutique*, Paris, Le Seuil, 1980.

WILLIAMS, Linda V., *Deux cerveaux pour apprendre, le gauche et le droit*, Paris, Les Éditions d'organisations, 1986.

ZEIG, Jeffrey K., *La technique d'Erickson*, Paris, Hommes et Groupes Éditeurs, 1988.

Index des allégories par ordre alphabétique

Index des principaux mots clés se rapportant aux allégories

MICHEL DUFOUR

Diplômé en pédagogie, en sciences humaines et en santé communautaire, Michel Dufour possède une maîtrise en éducation, une attestation de praticien en programmation neurolinguistique (P.N.L.) et une formation supplémentaire reliée aux approches alternatives.

Il travaille pour la commission scolaire de Chicoutimi depuis plus de 25 ans où il a eu à intervenir auprès de clientèles du primaire, du secondaire et d'adultes. Au cours des dix dernières années, Michel Dufour a surtout œuvré, en accord avec l'équipe multidisciplinaire, comme aide psychopédagogique auprès d'enfants de 5 à 12 ans ayant des difficultés d'apprentissage souvent reliées à une problématique d'ordre affectif.

Il est membre, entre autres, de l'Association des orthopédagogues du Québec (A.D.O.Q.), de l'Association québécoise des éducateurs et éducatrices du primaire (A.Q.E.P.), de l'Association québécoise des troubles d'apprentissage (A.Q.E.T.A.), de l'Association québécoise de programmation neurolinguistique (A.Q.P.N.L.) et de The Society of Neuro-Linguistic Programming.

NOTE DE L'ÉDITEUR

Différentes conférences et plusieurs ateliers sont proposés aux parents, enseignants, intervenants, aidants, congressistes de divers milieux, etc. Ils permettent d'en apprendre davantage sur la magie des contes et des allégories, leurs nombreuses applications, la façon d'en composer soi-même, etc. Pour plus d'informations, veuillez, s'il vous plaît, contacter l'auteur:

télécopieur: (418) 549-7439
micheldufour@videotron.ca

Transcontinental
IMPRESSION
IMPRIMERIE GAGNÉ

IMPRIMÉ AU CANADA